図書館サポートフォーラムシリーズ

# 図書館員のための解題づくりと書誌入門

平井紀子 著

日外アソシエーツ

装 丁：クリエイティブ・コンセプト

# はじめに

本書は、筆者の『装いのアーカイブズ』（二〇〇八年五月）執筆の経緯、調査・研究の取り組み方と、本の構成、出版に至るまでを述べました。後半では、服飾版画を中心に「解題の書き方」を、経験をもとにして記しました。

解題を書くことにより、典拠文献・参考文献リストから「書誌」を生むこともできます。

筆者の分野は、服飾史・ファッションですが、『装いのアーカイブズ』の各章で見てきた通り、服飾史は単なる衣装の変遷ではなく、その背景に潜む民族、風俗、社会の問題や人間の美的意識などを取り込んだ広範な分野であることがわかるでしょう。

ここでは、おもに解題の書き方のなかで図版の取り扱いについて力点をおいて記述してきました。それは筆者の経験から解題の中で図版を正確にとらえ記述することがきわめて重要であると考えているからです。しかし、今までこのような解説をした文献が少なく、筆者のこの本が参考になればと思い、かなりくどいぐらいに記述しました。

衣服はモノとしての存在だけではなく、人間生活のすべてに関わりがあります。換言すれば、服飾史・衣服史は人間そのものの歴史を学ぶことともいえましょう。

最後に、筆者のつたない経験からではありますが、これから研究をもとに著作、あるいは論文を書きたい、手掛けたいという皆さまへのアドバイスになればこのうえない喜びです。

CONTENTS

# Ⅰ章
# 文献解題ことはじめ

## 1　宝塚と池田文庫

池田文庫（財団法人阪急学園）の創始者は、阪急電鉄・阪急宝塚グループを創設した小林一三である。小林一三は、周知のように政財界の巨星、文人であり、文化活動に力を注いだ。その代表的なものに一九一四年（大正三）宝塚歌劇の誕生がある。翌年、宝塚新温泉内に設けた新聞・雑誌などを置いた小さな図書室が、一九三二年（昭和七）に宝塚文芸図書館となった。一九四九年（昭和二四）大阪の西郊、池田城址の一角に、昔ながらの石垣の白い土塀のモダンな図書館を造り、宝塚文芸図書館の蔵書を継承してできたのが現在の池田文庫である。

池田文庫の蔵書は、宝塚が発祥してから一貫して宝塚歌劇上演のための資料を中心に集められ、演劇・文芸分野での評価は高く、なかでも歌舞伎関係資料、特に上方役者絵の所蔵は世界一を誇るだろう。演劇資料では「東の早稲田大学図書館、西の池田文庫」といわれるほどで、池田文庫には、洋の東西にわたる演劇関係資料が豊富に収められている。

服飾関係の資料は、池田文庫の「白井鐵造コレクション」に多く収蔵されている。白井鐵造氏は、宝塚歌劇の演出家であった。コレクションには、氏がヨーロッパ留学中に入手した資料―フランス演劇雑誌、シャンソンの楽譜、ポスター、美術、服飾史などがある。

『館報池田文庫』は、池田文庫が年二回発行する機関誌で、一九九二年四月に創刊号が出され、現在も継続刊行されている。

## 2　『館報池田文庫』への解題執筆

### 資料的価値をみる

筆者の解題が載った初期の頃の館報は、文庫に収蔵されている資料の紹介、開催された講演の要旨、阪急沿線をめぐる出版物など、自館やその関係の紹介記事が多かった。表紙は彩色された役者絵が大きく描かれ、三〇ページ程の美しい装丁を冠した瀟洒なものであった。

池田文庫では、服飾関係資料の内容や資料的価値などを調査するために、国立民族学博物館の大丸弘先生に相談されたようである。大丸先生は筆者を指名されたようで、先生から池田文庫の服飾資料の調査をやってみないかとの依頼を受けた。指名の理由は、文化女子大学図書館が服飾関係資料を専門的に収集していることや、私が西洋服飾資料に興味をもっていることを憶えておられて、筆者に調査のチャンスを与えてくださったのであろうと感謝している。

文化女子大学の図書館で作成した『西洋服飾関係欧文文献解題・目録』（一九八〇年一二月）類や筆者の拙い論文など、幾つか資料をまとめて池田文庫に送っておいた。

池田文庫からは、正式の執筆依頼状は受けなかったが、文献調査を受諾することにした。まず、池田文庫の蔵書目録のなかから服飾史関係の部分のコピーを送付してもらい、目を通した。服飾史文献のなかで古典的で重要な資料が予想以上に所蔵されていて驚いた。

西洋服飾史の文献調査には三種の有効なビブリオグラフィ（Costume bibliography）[注1]があり、私たち司書は、この三点の書誌を座右の書としている。これらの書誌により、池田文庫の資料の確認ができた。三点のビブリオグラフィについては、別項「西洋服飾史分野の書誌」（七六ページ）で解説する。

注1　① Lipperheide,F.J.F. von. *Katalog der Freiherrlich von Lipperhide'schen Kostümbibliothek Band 1-2.* Berlin, F. Lipperheide, 1896-1905. 2v.

② Colas,René. *Bibliographie générale du costume et de la mode.* Paris, Librairie René Colas, 1933. 2v.

③ Hiler, Hilaire and Meyer (comp.by). *Bibliography of costume : a dictionary catalog of about eight thousand books and periodicals*. New York, H. W. Wilson, 1939. 911p.

## 3　収蔵資料の紹介のしかた

### 文献解題の執筆心得

執筆のスタイルなどすべてを委任されていたので、まず、服飾分野の目録の中から、めぼしい本を二・三点チェックしておいた。先に述べたように、連載といっても、せいぜい二〜三回と思っていたからだ。

調査方法は、私が大阪の池田文庫に行き、紹介する資料を閲覧させてもらい、タイトルページ、まえがき、目次など主要部分をコピーした。幸いにも文化女子大の図書館にも同じ資料があるものが多く、直接資料を見ることができた。特に執筆要項はなかったが、①掲載ページ数は図版も含め三ページ、約六〇〇〇字。②図版となる写真は池田文庫で撮る。③メール添付にて原稿提出、という大まかなものであった。

次に、内容を三ページのなかで、どのような形式にするかということであった。池田文庫の松平進先生は、難しくなく、読んで服飾に興味をもてるようにしてほしい、という要望であった。

文献紹介、文献案内には、さまざまなスタイルのものがあるが、いわゆる「文献解題」である。解題とは、「書物の作品や著作者、著作の由来・内容・出版の年月などについての解説」（『広辞苑　第五版』）とある。解り易い説明であると思う。

『館報池田文庫』では、先方の要望に沿い、解りやすく読者の皆さまに服飾史資料の面白さを理解してもらえるよう心がけた。

幸いなことに、在職中は服飾史資料の収集・整理やサービスを担当し、目録の作成や展覧会なども企画した。そこで学んだ知識や経験をもとに『館報池田文庫』では、自分なりに工夫した解題を試みた。

## 執筆のための文献調査

初回は、「館報」第三号に、目次トップの「収蔵品紹介」という欄に載った。

ここでは、池田文庫で所蔵する服飾史資料のなかで、もっとも古い出版年の本（一八〇二年）を紹介することにした。タイトル表示と調査の概要を示す。

---

[Dalvimart,O]; *The costume of Turkey, illustrated by a series of engraving; with descriptions in English and French.* London, W.Miller, 1802.

［ダルヴィマール画］『トルコの服飾―銅版画の連作で描かれた、英語と仏語の解説つき―』

## ロンドン　一八〇二年刊

フォリオ判、表紙は茶色のモロッコ革装で、金の箔押し、三方金の美しい本である。まず、ページをパラパラめくると、いろいろな兵士の姿を描いた絵が目に飛び込んでくる。いままでに見たことがないヨーロッパの兵士で、彩色が施されている。

次に、英語で書かれた長い「序文」を

館報池田文庫 第３号表紙

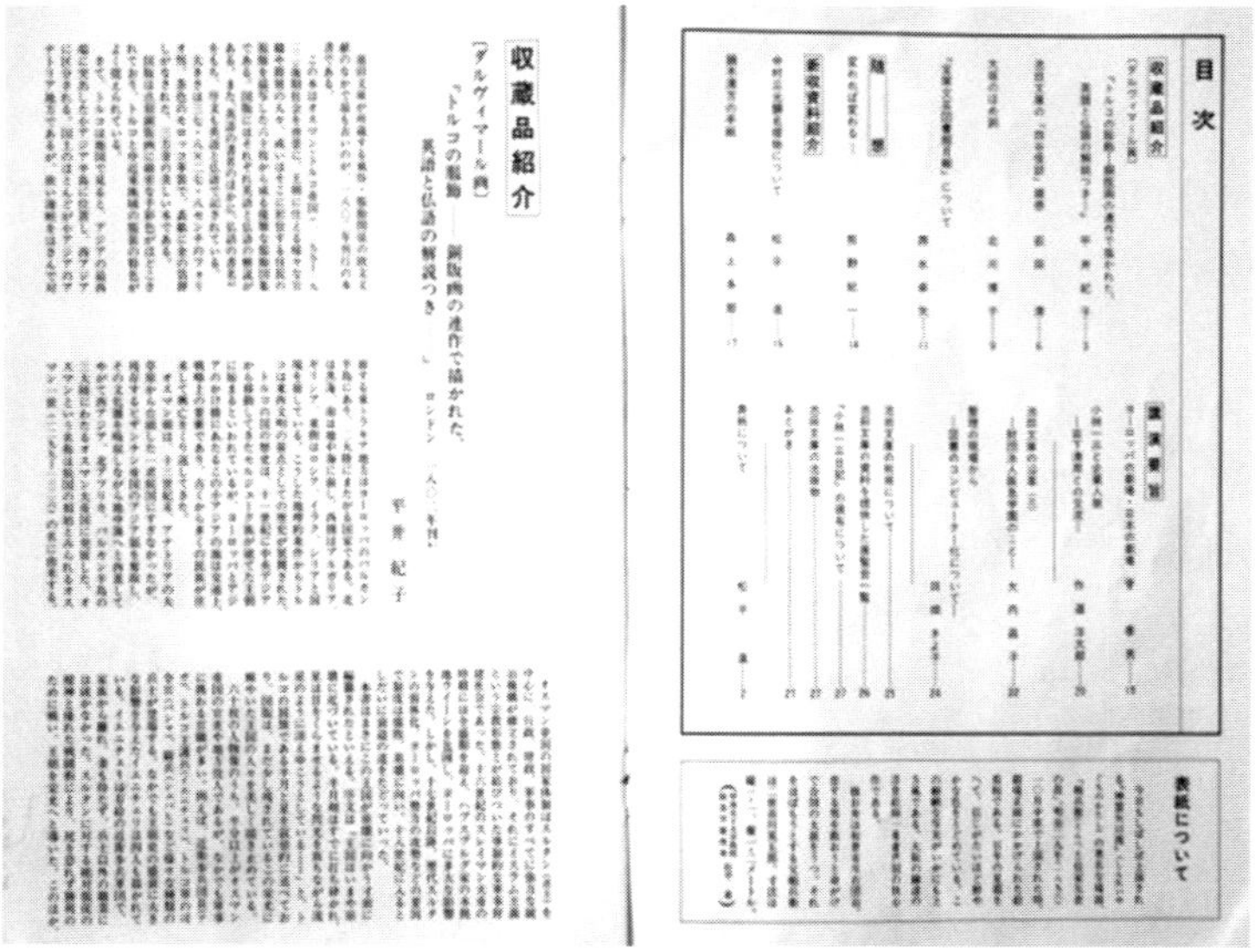
目次

収蔵品紹介

表紙について

館報池田文庫 第３号目次

読んだ。序文のもっとも感動的なところは、「王国はいまや崩壊に近づいている。半月剣はすでに打ち砕かれ、星は目をくらませるような閃光を放ちながら流れ星のように消えゆこうとしている…」と、トルコの国旗である半月と星を叙情的に述べている。
本書は、まさにこの王国が崩壊に向かう寸前に編纂されたと思われる。

## 原本から情報を得る

図版は出版の四年前の一七七九年に、ダルヴィマール（Dalvimart, O.）がドーソン（D'Ohsson, I.）などのトルコ研究家による調査にもとづき原画を描いたと序文にある。

ダルヴィマールはフランスの素描家・銅版画家でフランスにおいて活躍した人物であった。

さらに序文を要約すると、本書の原典でもある『十八世紀におけるトルコ人の衣服とオスマン帝国社会』[注2]は、一八世紀オスマン帝国の服装を調査し、とくに軍事を階級ごとに分類整理した文化史的にも優れた著書である。図版はイスタンブールにあるドイツ考古学研究所に所蔵されている古写本の模写から作成されており、イスタンブールとトルコ全域に見られるさまざまな階級や行事などの衣服を着用した人物画二〇八枚から成る大著である。
ここまでが序文や図版の説明から得た情報である。

## 他の情報源をあたる

解題を書く場合、関係する情報源から情報を集めなければならない。

①序文や「まえがき」を読む

②複数の書誌から情報を集めて集約する

先に挙げた三種の書誌（一三㌻、注1）からは次のことが分かった。

（ア）本書の初版は一八〇二年、一八〇四年に二刷りが出されているが、これには仏語の標題紙はない。（イ）一八一四年（?）には『トルコの服飾風俗図鑑』（*Picturesque representations of the dress and manners of the Turks*）というタイトルに翻刻された版では、仏語の解説が省かれ、判型も小さくなっている。（ウ）コラ（Colas）の書誌では、原画者をダルヴィマールとみなしているが、ヒラー（Hiler）の書誌では、アレグザンダー（Alexander,W.）を著者とみなしている。書誌によっても著者の標示が異なることがある。いずれを採用するかということも注記が必要となる。

### 解題を書く

ここまでが①②の序文と書誌から得た情報である。これらの情報から、本書の解題を次のようにまとめた。

本書は、オスマン・トルコ帝国（1299-1922）の後期社会を背景に、スルタン（首長）とその寵姫、王朝に仕えるさまざまな官職や階層の人々を描いた六〇枚から成る優雅な図集。図版は点刻銅版画に綿密な手彩色が施されており、トルコと中近東の服装の特色がよくとらえられている。特に、オスマン帝国の官吏、軍事に携わる官職、例えば、近衛歩兵団長（アガ）、トルコ王護衛兵（イエニチェリ）、騎馬兵（シュパヒ）などの兵士が登場する。王朝史の盛衰に影響を与えたイエニチェリは四人も描かれている。

オスマン帝国の国家体制は、スルタン（首長）を中心に行政、財政、軍事のすべてに強力な統治機構が確立されており、それにイスラム主義という宗教形態とが結びついた専制的な軍事封建社会であった。

兵士たちは、家族から離れ妻を持たず、王であるスルタンに絶対服従の精神と優れた戦闘術により、死を恐れず王朝を栄光へと導いた。

興味深いのはハーレム（ハレム）の女性が描かれている。ハレムは、本来「禁じられた、神聖な」という意味であるが、外来者の出入りを禁じる場所、やがてはスルタン（首長）の寵姫と寵姫に奉仕する宮女（女奴隷）の住む隔離された部屋を意味するようになった。

ハレムの成立は、新しい宮廷がイスタンブールにおかれた一四五三年以降とみなされており一九世紀まで存続する。

ハレムには五〇〇人ぐらいの若く美しい女性がいたが、彼女たちは、征服地から掠奪されたか、奴隷市場で買われたか、さもなくば昇進をもくろんで、スルタンに献上され、狩り集められた女性たちであった。なかでもコーカサス地方の白人女性がもっとも好まれた。年若い官女たちは、礼儀作法や手芸、歌、踊り、楽器の演奏などから言葉づかいに到るまで訓練を受けた。

イスラム世界では夫人を複数持てるが、スルタンの子供を最初に産んだ女性はスルターナ－ヴァリデと呼ばれ、王族の権威が与えられ、のちのハレムを支配するようになる。

ハレムというと、一般的に好色な意味あいにとられるが、オスマン朝が遠征により国家を拡大するようになると、通常の固定的な婚姻が出来なくなってきた。したがって王妃の座も空白になり、血統を絶やさぬようにするためにもハレムが必要になったのである。

図1はそのスルタン夫人あるいはスルタンの寵愛をうけたカディンを描写している。美しい花模様の刺繍がほどこされた絹製の上着のうえに黒てんの毛皮のトリミングのある長いマントをはおっている。下肢には、くるぶし丈のゆったりした、日本のもんぺのように膨らみのある裾を絞ったパンツ「シャルワール」をはいている。

『装いのアーカイブズ』の表紙の一人は、この図版から取った「スルタンの夫人あるいは寵姫」である。

本書は英語文で書かれているので、本文の解説で図版の説明は理解できたが、なかでもオスマン・トルコの歴史や軍事組織のことは難解で、兵士の階級・名称や役割などについては、オスマン・トルコの歴史書や民族誌を数冊も読まなければならなかった。苦労して探し当てたのが、『オスマン・トルコ帝国― 世界帝国建設への野望』[注3]だった。およその内容は理解できたが、図像が少ない。そこで児童書や子供用の書架で、図の多い兵隊の本や軍隊のシリーズものを丹念に見て探した。結局、分からず、先に挙げた本書の原本『十八世紀におけるトルコ人の衣服とオスマン帝国社会』を、時間をかけて読むことしかなかった。

解題を書くことは、なまやさしいことではない。調査のために、さまざまな分野の本を読まなければならない。実際は、ほとんど本文には用いることはなかったが、背景を理解し、読者に納得のいく文章を提供するには、参考文献に挙げた本の何倍もの本を手にしなければならなかった。

図 1.　スルタン夫人あるいは寵姫

注2　*Türkische Gewänder und Osmsnische Gesellschaft im achtzehnten Jahrhundert.* Graz,Ackademische Druck, 1966.

注3　Klever, Ulrich ; *Das Weltreich der Türken.* hestia-Verlog, 1978.
ウルリッヒ・クレーファー著　戸叶勝也訳『オスマン・トルコ帝国―世界帝国建設への野望―』

佑学社　一九八二年

**図1**　スルタナ（正妻）あるいは寵姫 (A Sultana, or Kadin) ダルヴィマール (Dalvimart, O.) 画　一六世紀？　池田文庫所蔵 ([Dalvimart, O]; *The costume of Turkey, illustrated by a series of engraving; with descriptions in English and French.* London, W. Miller, 1802. pl.12)

## 執筆への情熱のかて　―「あとがき」から

励ましが何よりうれしい松平先生の「あとがき」には、「池田文庫のある程度まとまりをもった蔵書の一つに、和洋の衣装関係のものがあります。今回その中から一冊をとりあげていただくことができました。御寄稿下さいましたのは服飾史を専門とされる文化女子大学図書館平井紀子先生。平井先生への御紹介の労をおとり下さった国立民族学博物館の大丸弘先生にもあわせて、心から感謝申し上げます。」と、次号から「収蔵品紹介」欄で服飾資料の紹介記事を掲載することが告知されている。

---

まだ暑さが去りませんが、お元気のことと存じます。いつもお世話になりありがとうございます。今は館報十三号の校正がお手元かと存じますが、ひきつづき十四号へのご執筆よろしくおねがい申し上げます。近く館長の正式御依頼が出るかと思います。専門外の私ですが、十三号ゲラ拝読して何か佳境に入った感をもちます。私としてもたいへんうれしく存じます。

——右いくえにもよろしく。

松平先生から励ましのお便りや、館報の「あとがき」には、服飾文献の連載によって館報が一層充実したと書かれていた。

## 4　連載をまとめ、小冊子を作る

こうして、池田文庫の館報第三号から第二五号までに、服飾文献一六点（欧文書一三点、邦文書三点）を一〇年かけて連載執筆してきた。

定年退職後のライフワークだった解題を書くというこの仕事を、一つの作品として残すには、各号の連載を小冊子にまとめたかった。館報にばらばらに掲載されたままでは、自分の作品として残らない。一〇年という長い歳月をかけた私の宝物だから。池田文庫には、その主旨を伝え、新館長からも許諾を得ることができた。

小冊子にまとめ、印刷する作業も一仕事であった。この作業は印刷業をしている友人が引き受けてくれた。一六冊に連載された各号のページに付箋を貼り、リストを作成して依頼した。

友人は印刷を専門としていたので、池田文庫に掲載されていた体裁を壊さず、見やすいようにレイアウトに少々手を入れ、上梓することができた。

タイトルは次のようにした。

『服飾史の基本文献解題集』―池田文庫（財阪急学園）の服飾関係資料―

2006.03.　48p. B5（注）自費制作　非売品

幸いにも、この小冊子が一つの素材となり、第九回（平成四年）の図書館サポートフォーラム賞を受賞した。

受賞理由は、「服飾の専門司書として長年にわたって実務に携わり、目録、索引、文献解題等に励まれた。特に池田文庫の資料を対象に世界各国の服装を平易な文章で解説した『解題集』は、わが国初の試みとして評価され、図書館司書としての新しい領域を開いた」と、過分なお言葉をいただいた。

服飾史の基本文献解題集

西洋の服飾文献は歴史が古く、初版のものは一五九〇年頃から刊行されている。ラテン語、フランス語、ドイツ語、イタリア語が多いが、池田文庫の本は、年代が下りポピュラーに広まった英語版が多かったので翻訳解題することができた。

# Ⅱ章

# テーマの発見と研究成果の発表

## 1　研究会活動

### 研究を継続するために

二〇〇三年四月、アート・ドキュメンテーション研究会（創設時名称）ＪＡＤＳ[注1]に入会することにした。これまでは研究会といえば書誌作成の会で学んできたが、ＪＡＤＳでは服飾と美術分野の関連性を深めて収穫をもたらすにちがいないと考えたからだ。

ＪＡＤＳとはどんな学会で何を研究しているのか。入会当初は、美術情報をコンピュータを用いて美術情報活動をおこなう組織と単純に理解していたが、ＭＬＡ（美術館・図書館・博物館、文書館、美術研究機関）など諸機関と提携し、文化資源に関する情報の社会的共有をめざす、という広範な研究組織であることを知った。

　幹事の推薦を受けて役員としての活動することになった。ＪＡＤＳには五〜六の委員会があるが、文献情報委員会という会に所属した。この会の活動目的は、ＪＡＤＳに関連のある情報を、学会誌の記事や図書から探索して機関誌に連載し、累積した資料でＤＢ（データベース）の構築を図るということらしい。その仕事を一緒にやろうと私を牽引してくれたのは高橋晴子さんだ。

　一番の理由は、私が東京に居て、地の利もよく、時間的に余裕があると思ったからであろう。高橋さんは教授として大阪樟蔭女子大学をはじめ、関西の女子大に図書館学や情報学を教えている。時間的にも余裕は少ないし、関西には美術系の専門図書館は多くはない。

　都内近辺には美術館図書室や博物館図書室もあり、学会誌の記事や図書からＪＡＤＳに関連のある記事・論文を探すには便利である。それよりも、昔から同じ専門分野であるファッション・服飾の分野を対象とする同志とでもいおうか。だが、同じ服飾でも目指す研究対象に相違はあるが。私よりもだいぶ若いが、民博では「服装・身装文化データベース」を立ち上げ継続している。研究では先輩である。

　私は、文献情報委員会の活動に加わり、ＪＡＤＳに関する新しい情報を雑誌論文や図書から検索する調査を担当し、情報誌や専門誌を多く置いている専門図書館や美術図書室に通うことになった。印刷博物館図書室の山崎美和さんや東京国立近代美術館アートライブラリの水谷長志さんとはこの会を通じて知り合った。

注1　JADS : Japan Art Documentation Society

## 関係論文の探索

この頃は、いろいろな図書館関係の雑誌や情報専門誌を見るため本屋や図書館によく出かけた。例えば、『図書館雑誌』『情報管理』『情報の科学と技術』『専門図書館』『大学図書館研究』『日本図書館情報学会誌』などでＪＡＤＳに関する論文を調べた。母校の後輩にも、その旨を伝え、目次をコピーして送付してもらった。

文献情報委員は代表としては三名だが、記事・論文を採録する協力者を複数もっている。採録した記事・論文を編集し、『アート・ドキュメンテーション通信』に掲載している。この記事を年間でまとめ、『アート・ドキュメンテーション研究』に載せている。雑誌論文の採録は多くの委員が担当しているが、単行本の探索をする人は少なかった。そこで、私は単行書を見るのに本屋にもよく通った。ＪＡＤＳ関係の図書の調査のついでに、社会科学の本やこれまであまり見なかった歴史関係の本なども眺めるよう努めた。新刊にとどまらず，神田の古書店ではめぼしい古書を見つける目も養えた。こうした経験は、どれほどのちの自分の調査・研究に役立ったか計り知れない。

学会創立二〇周年記念の資料『日本のアート・ドキュメンテーション―二〇年の達成』の

編集委員に加わり、水谷さんのもとで関係資料の総まとめをして、研究大会で発表の機会にも恵まれた。

研究会活動を通して、これまでの友人とは異なる分野の友を得ることもでき、私にとって大きな財産ともなった。今でも文献情報委員会の活動であるＪＡＤＳに関する新しい情報を図書や雑誌から採録する調査は協力者として続けている。

## 2　研究分科会での発表

### テーマの発見

こうした新環境のもとで、これまでの自分の守備範囲を少し広げ、特に美術分野の書物を読んで、小論文を書き留めた。コツコツ積み上げた成果物をどのように公表すれば認知されるのか、研究会での発表や研究誌への投稿による方法が考えられる。私は、発表することを選んだ。そうすることにより、研究の向上に繋がることが多いのではないかと思ったからだ。

私は、まず、ファッションのユニークで面白いテーマ「モード情報メディアの変遷」に目をつけた。

これは、モードの流行が何時ごろから始まり、どのようにして拡散していったか、というテーマで、一般的な「西欧服装史」の本のなかでは、情報としての流行については、あまり解説されていない。出版年の古い服装史の本やパリの一八世紀の風俗史などを読みこんで調べる必要があった。そして、この研究会の分科会で度胸をすえて、評価を恐れず、発表することにした。

## キーワードは「パンドラ」

概略を記すと、一六七〇年代に「パンドラ」(pandora) というマネキン人形が作られた。「ファッション・ドール」(fashion doll) とも呼ばれている。つくったのは、パリの贅沢品製造業者である。パンドラとはご存知のように、ギリシア神話に出てくる人類最初の女性を意味している。

等身大の大きなパンドラには、最新流行の衣装を着せ、小さなパンドラには、室内着や普段着、ネグリジェを着せた。そして、その人形を籠のような箱を乗せ、前二人、後ろ一人で引く人力車に乗せた。人力車はパリの街を廻り、流行の衣装を貴婦人たちに披露していたという。

このパンドラは海を渡りイギリスまでも行った。イギリスの貴婦人たちは最新流行のパリのモードをいち早く手に入れようと、パンドラが来るのを今か今かと待っていた。

このパンドラは、以後一〇〇年以上続き、イギリスの婦人たちは、毎月パンドラの到着を待ちわびて暮らした。戦いのさ中でさえも、パンドラの輸出は続けられ、いっときもフランス・モードなしでは暮らせないイギリスの貴婦人たちは、敵のフランスの司令官に対し、パンドラだけは、ぜひ海峡を通してほしいと頼み込んだという。寛大なフランス軍司令官は、この申し入れを受け入れたのでしょう。だが、このような例外もナポレオンの対英戦略により終止符が打たれたらしい。

パンドラはイギリスだけではなくドイツやイタリアにも輸出され、パリで見受けられるような服装をした婦人たちの姿がヨーロッパの各地で見られた。といっても、それは同時期ではなく、パリよりもだいぶ時間的なずれがあった。鉄道は、まだできていないし、道路が悪く時間がかかったのだろう。パリの紳士が、ドイツを訪れたとき、「婦人たちは、なんと古めかしいモードを着ている！」と驚いたそうである。

その後、パンドラは流行情報を広める手段としては不向きで廃れた。それに替わるものとして登場するのが雑誌である。『メルキュール・ガラン』（Mercure Galant）という宮廷を中心にした上流社会や社交界のニュースなどを載せる総合雑誌が現われ、一六七八年から服飾版画が綴じこまれ、一六七八年の一〇月号に「冬の衣裳」と題した服飾版画のファッション画、紳士服と婦人服が挿入されていた。以後、一八世紀後半からは専門のファッション誌が出現する。

この研究をパワー・ポイントという初めて学んだPCの技法を用いて映像で発表した。

二〇〇九年頃からは、服飾関係の書誌（Costume Bibliography）について論文にまとめてみたいと、ずっと構想を練っていた。

ヒラー（Hiler, H.）の書誌は、原書を見るとき、必ず脇に置いて参考にしている。このヒラーの書誌は辞書体編成であるので、文献を探すのには、いちばん早く探せるツールである。しかし解説面での難点もあり、他の書誌との比較研究がテーマになるのではないかと思っていた。西洋服飾史を専門とする大学図書館員であれば、取り組んでもよいテーマであろう。

私は、学会誌『アート・ドキュメンテーション研究 No.18』（二〇一一・三）に、「ヒラー『服飾に関する書誌』の書誌的構成とその効用」と題した論文を初めて投稿し、ヒラーについての長年の思いをこのようなテーマで成果を上げることができた。

ヒラーの書誌については、Ⅴ章の「文献解題の書き方」（六四ページ）で解説する。

## Ⅲ章

# 単行書への視点

### 1　冊子から単行書へ

さて、図書館サポートフォーラム賞受賞後、間もなく、サポートフォーラムの事務局を担当している日外アソシエーツの大高社長から本を書いてみないか、とお声をかけていただいた。

前記の小冊子を膨らませ、服装を図像学的に研究したいと思っていただけに、この機会は天からの授かりものだ

『装いのアーカイブズ』（2008.5）

と、有難く思い、『装いのアーカイブズ』の執筆につながった。

しかし、池田文庫が所蔵する図書から選択してまとめたこの小冊子だけでは不十分で、単行本にするには、西洋のさまざまな国の衣装を広く調査する必要があった。

服装史の文献は、往々にして、「服飾（装）史」という時代順に歴史的な変遷を中心に著述したものと、民族（人種）や地域を単位にした、「フランスの民族衣装」「イタリアの民族服」というように、いわゆる「民族（俗）服」を解説したものに二分されていると思える。だが、民族服とは民族の特徴を現わす歴史的な衣装であり、服装の歴史のなかに組み込まれてもよい分野であろう。

そこで今回は、衣服の機能や服種により類別し、服装史、民族服という二者に分けた既存の文献とは異なる構成を採ろうと考えた。

着装の目的や階層による服種の違いなどにより類別するのはどうか。社会的な階級からみれば、おもに王侯貴族の衣装を対象にした歴史服と民間で着用された民族服や働き着などを並列して眺めることにより、西洋の人々の衣装・衣服の全体像が見えるように企てた。

## 2　記述スタイルの統一

記述形式がいちばん難問であったが、本文は流し文ではなく、一つの服装図像を単位に、解説する項目を共通させ統一をはかる、という案に決まった。一つの服装図像を単位として、①その図像の国・地方・民族など　②その図像が身につけている衣装の時期や時代、③図像の衣装解説、④解説の典拠文献、⑤典拠文献の解題、の五つの柱を立てる。こうすることにより、全図像の記述項目が統一され、一種の便覧のような形式ともなる。

## 3　資料の渉猟と整理方法

### 資料探しの楽しみと苦しみ

さて、これからが資料集めで根気のいる仕事である。池田文庫の蔵書からの服飾史の解題を活かしながら、一冊の服飾史書として統一された構成にしなければならない。池田文庫は服飾史が主流であったので、民族服や作業着などの日常着も含めたい。しかし、西洋の民族服を解説した図書はあまり多くない。例えば、イギリス、フランス、ドイツなどの歴史のある国の民族服の図書はあるが、ヨーロッパの一般庶民の日常服を解説した図書は、皆無といってよいだろう。

そこで、目を転じ、服装の関連分野である、「地理・風俗」や「歴史」の書架に行ってみた。「地理・風俗」では、『図説世界の地理』、『世界の民族と生活』などが目に入った。これらの本は、出版年が一九七〇年代末から一九九〇年代の訳本がほとんどで、新版は出されていない。内容は直接服装について解説しているものではないが、その地域に住む人々の生活、気候や地域の特徴、生業、食事、慣習など、一般庶民の生活が生き生きと描かれている。服装にポイントをおいた資料ではないので、人物像は、例えば、鍬をもって土を耕している老人の後ろ姿や少女の横顔などで、図版に採用できるようなものは少なかった。

この素材選びの作業は、もっとも時間を要した。たんねんに何度も眺め探した。『図説大百科世界の地理　全二一巻』（朝倉書店）、『世界の民族と生活　全一五巻』（ぎょうせい）などはボリュームがあり、一日中、閲覧席で付箋を貼り、コピーをして過ごした。『世界各国史』（山川出版社）も同様であった。だが、学術書は一般に挿絵は少なく，思うような図像は見つからなかった。そこで国別に編集された児童用の絵本類、図鑑ものを閲覧するために近隣の図書館に通い、スケッチのような簡素な図像からイメージをつかんだ。

『装いのアーカイブズ』では、おもに西洋を対象にした服飾の歴史であるが、中央アジアの服装はどんなものであるのか、西洋の衣服とは異なり、平面構成であったように記憶している。母校の図書館に戻り、東洋服装史の書架に行き、本を探した。“*Orientalische Kostüme in Schnitte und Farbe.*”[注1] を見つけた。

この本は、たしか東洋の服飾図鑑のような内容だと記憶している。三〇センチの大きな本で、前書き三二ページ、カラー・プレート一二八枚。目次からは探せなかったので、一枚一枚ていねいに見た。諦めていたころに、「スルタンの外衣　タシケント」を見つけた。絣《かすり》のような柄で、日本の「たんぜん」のようなデザインだった。スルタンは君主（首長）のこと。説明文は少なく、そのうえ現地語のような読めない単語があるが、読めるところを訳して勘案すると、次のような説明であった。

「平面構成でできている中央アジアの伝統的なハラート（Chalat：アラブ語で長衣の意）で、図は光沢のある絹の絣模様の表地に、丈夫な厚手の裏地が付いたタシケントのスルタンの外衣である。脇にスリットがある。服の前と裾には模様のあるテープ状の別布で縁取りされている。この縁どりは豪華に見せると同時に補強も兼ねる。胸に紐をつけ、祈祷するときには結ぶといわれている。」

著者ティルケの説明によると、この外衣は個人の所蔵品で身分の高い人が着た名誉ある服ということである。

ここまで、期間をかけて調べたが、外衣の平面図だけで着装図がない。〝人が衣服を身につけている〟という、全体の図像とは違ってしまう。惜しいが、不採用の没原稿にした。

一方、思わぬところで幸運にも出会える。

第四章の七に「ドイツの飛脚」を挙げた。これは、かつて読んだ阿部謹也著『中世の窓から』（朝日新聞社、一七八一）を思い出して加えることにした。このなかに確か「飛脚」のことが書かれていた。小さな挿絵で槍をもった飛脚の絵が記憶にあった。早速『中世の窓から』を再読した。市の紋章をつけた衣服に持ち物の楯、壷、槍をもった、一五世紀フランクフルトの飛脚の肖像画が描かれていて、得がたい資料を見出した。

本を読むことは、いつかそれが思いがけなく、実になって返ってくるのを実感した。だが、それ以上に、この「ドイツの飛脚」の項では、通信の歴史を概観しなくてはならなくなったが、まったく未知の分野であった。難解ではない本を探したい。図書館の日本十進分類表の「通信」の分類［690］の書架の前に立ち一覧した。とりとめもなく眺めていると『情報と通信の文化史』（星名定雄著、法政大学出版部、二〇〇六）が目に留まった。探すという行為より、向こうから目に飛び込んできたという感じだった。長年、書架で本を探すことをしていた経験からの一種の勘とでもいおうか。星名著の本は、分かりやすく解説されていた。ドイツに加え、パリやロンドンの飛脚から郵便制度への発展などが詳細に解説され、興味深く読めた。

注1　Tilke,M.: *Orientalische Kostüme in Schnitte und Farbe.* Berlin, Ernest Wasmuth, 1923.
ティルケ著『東洋の服飾　型と色』

## 収集資料をエクセル表で整理する

図版探しでは本当に苦労した。

服飾史や服飾史に関連のある風俗史などの資料は、自分の専門領域であるので、日頃から集

図 1.　内容整理表

| 国（地方）民族 | 分類 / 機能 | 写真タイトル | 機能 | 書名 | 写真 |
|---|---|---|---|---|---|
| オーストリア | 喪服 - 葬式 | 葬列に参加するオーストリア人 | 儀礼 - 葬式 | 世界の民族とセ活：ヨーロッパ5 | 31 |
| オスマントルコ<br>1299-1922 年 | 階級を示す機能 | スルタンの夫人或いは寵姫トルコ (1680-1800) | 日常着：階級を示す | トルコの服飾ー銅板画の連作で描かれた、英語と仏語の解説つき | 1 |
| トルクメニスタン | 社会的地位・階級を示す機能 | タシケントのサルタンの上着 | 社会的階級を示す衣服 | 東洋の服飾　型と色 | 5 |
| ウエールズ | 晴れの衣裳 - 儀式 | ウエールズのルドイドの衣裳 | 地域 - 儀式 - 職業 | 世界の民族：ヨーロッパ | 24 |
| オスマントルコ | 晴れの衣裳 - 儀式 | オスマン軍団の「スプーン持ち」トルコ 1500 年代後期（ラムート二世時代） | 軍事服：階級服：式典 | トルコの服飾ー銅板画の連作で描かれた、英語と仏語の解説つき | 2 |
| イギリス諸島<br>アイルランド　ケルト人 | 晴れの衣裳 - 儀式 | 祭典に向かう吟遊詩人 | 儀礼服 | 世界の民族：ヨーロッパ | 17 |
| フランス<br>ブルターニュ地方 | 晴れの衣裳 | 土地の聖者をたたえる伝統の祭りパルトン祭 | 祝祭服 | 世界の民族：ヨーロッパ | 25 |
| ロシアーモルドヴィア<br>16 世紀後半 | 晴れの衣裳 | モクシャン族のモルドヴィア地方の婦人 | 晴れ着：祝日 | ロシアの服装・風俗図集 | 4 |
| ギリシア<br>カルパトス島民 | 晴れの衣裳 | 結婚儀式　盛装した少女 | 晴れ着<br>結婚衣裳 | 世界の民族：ヨーロッパ | 21 |
| フランス<br>ブルターニュ地方 | 晴れの衣裳 | 教会へ行く老女 | 地域 - 儀礼 | 世界の民族：ヨーロッパ | 16 |
| ユーゴスロヴィア<br>セビリア | 晴れの衣裳 | セルビアの女性カーニバルの衣裳 | 晴れ着<br>カーニバル | 世界の民族：ヨーロッパ | 29 |
| ヨルダン | 晴れの衣裳 | ヨルダン北西部イルビド | | パレスチナとヨルダン | 36 |
| チェコ<br>ボヘミア | 晴れの衣裳 | ボヘミア地方の祭り | | 世界の民族とセ活：ヨーロッパ5 | 33 |
| スペイン<br>セビリア | 晴れの衣裳 | ホーリーウィーク祝行列 | | 世界の民族とセ活：ヨーロッパ6 | 27 |
| ポルトガル | 晴れの衣裳 | 教会へ行く | | c | 28 |
| 南フランス | 晴れの衣裳 | 結婚衣裳 | | 世界の民族とセ活：ヨーロッパ6 | 30 |
| 北欧<br>ラップ人 | 実用的機能 | ラップ人（16 世紀後半？） | 日常着：漁撈 | ロシアの服装・風俗図集 | 3 |
| 上オーストリア<br>（ドイツ寄り？ | 実用的機能 | 上オーストリアの農民 | 地域を示す 農民 | オーストリアの服装と風俗の図集 | 9 |
| 上オーストリア<br>（ドイツ寄り？ | 実用的機能 | 上オーストリアのの村娘 | 地域を示す 日常着<br>実用着 | オーストリアの服装と風俗の図集 | 10 |
| スイス | 実用的機能 | チロルの猟師 | 地域を示す<br>実用的機能 | オーストリアの服装と風俗の図集 | 11 |
| ギリシア カルパトス島民 | 実用的機能 | オリンポス村のヒツジ飼い | 作業服 | 世界の民族：ヨーロッパ | 20 |
| イタリア | 伝統的衣装 | 衣裳図解 | 解説 | イタリアの民族衣装 | 12 |
| イタリア：トリノ（ピエモント州） | 職業服 | トリノの花売り娘 | 地域を示す 職業服 | イタリアの民族衣装 | 13 |

めていた。こんなときに役立つとは思いもよらなかった。

まず、多くの服装図版を集めなくてはならない。素人写真であるが、ぱちゃぱちゃと撮りまくった。どのくらいあっただろうか。よく写真を見ると、実際に服飾図像として使えそうなものは半分以下に減ってしまった。このときの写真の記録に手間取り、余分な時間をとってしまった。

初めから図像候補の写真を決めてから写真を撮った方が能率的だったかもしれない。

『装いのアーカイブス』は服飾の図像を単位とする構成にするので、まず服飾史の単行本より選択した図版の図像資料と、文化史・風俗史の一般書から選んだ図像資料を書き出しておいた。フランス、イギリス、イタリアなどの国の服装図像が多かったが、ヨーロッパのさまざまな国や地方の図像を選びたかった。そこで、国（地方）、民族を軸に、衣装の機能・特徴、書名、写真タイトルなどの項目に立てて、エクセルで整理した。

この方法は、実際に図像を決定する段階で、とても役立った。

エクセル表（図1）には、ランダムに接写した本から得た情報を凝縮して書き込んだので、類似したものなどを削除し、用語の違いで現しているものは同一と思えるものなどを調整した。

最終的に調整して、収録服装図版数全六〇図のうち、服飾史文献によるものは四二図、文化史・風俗史の一般書からは一八図となった。

## 参考文献リストから書誌をつくる

収録図像数はほぼ決まったが、これまで時間をかけて集めた文献資料、読んだ本の書誌事項は、あちこちのメモに書きとめてある。買い物のついでに寄った図書館ではレシートの裏にメモしたものなど、はじめから閲覧した資料を一か所にまとめておけばよかったのだが、調査に行った図書館で持ち合わせのメモ帳などに、ばらばらになっていた。このなかには、典拠文献になった資料や写真のみ採用したシリーズものの一冊などがあり、参考文献として、まとめるのにこれまた一苦労だった。今回の私の失敗例かもしれない。書名のみのもの、出版年の未記入などがあり、一点ずつ正確な文献の書誌事項を完成させなければならなかった。この時は、およその構成が頭のなかにあったので、エクセル表を生かしながら、章別の図像の典拠文献、参考文献ごとに仕分けした。こうすることにより、自然に参考文献リストができた。

章別のリストは、例えば、「戦士の服装」であれば、限定された主題の文献リストになる。『装いのアーカイブズ』全体の典拠文献と参考文献をあわせて、およそ一〇〇点となった。この作業は、単行書『装いのアーカイブズ』以外の副産物として、『西洋服飾史参考文献目録』という書誌がつくれた。このような文献リストは一種の「主題書誌」として、独立して活用もできる。

## 章の構成・属性と階層性

どのような章立てにするか、先程のエクセル表を参考にした。エクセル表の二列目の「分類／機能」が本書の構成、章作りに大いに役立った。この欄は、一般的な服装史の本では、説明の記述が少ないように思う。

繰り返しになるが、これまでの服装史の文献は、大きく分けて服装史と民族（俗）服の二者に分けられる。つまり、服装史の文献は、歴史を中心に時代を追った記述方式をとっているものが多い。すなわち、一三世紀、一四世紀、一五世紀のように。一方、民族服は、国別・地域別に編纂されている。もちろん、基本的な服装史の勉強にはこうした分け方も適していると思う。

しかし、今回、筆者が考えた構成は、衣服の「分類／機能」に焦点を置き、服装には、身体を保護する役目だけではなく、他にどんな機能、役割があるのか、それを歴史服から、また、民族服から取り出して、それに特化した服飾史を書いてみたいと考えていた。

表に見るように、「分類／機能」には、晴れの衣装、実用的機能、職業服、伝統的衣装、身分階級をあらわす服装などがある。これらに分類された服装の機能や目的を整理すると、接写した服装図像のカテゴリーが見えてくる。

「オスマン・トルコの夫人」などは、君主の妻で身分が高い女性の服装であり、「職業服」や「地域の伝統服」は、庶民の服装である。そのような分類・機能から検討すると、章立ての一つの理由に、社会的な構造による〈仕分け〉ともいえる。モードは階級や富の象徴でもあった。

階級により衣服が規制されていた時代もある。だが本書は、そういうモードの哲学を語るのではない。一つの服装図像をもとに、その周辺の時代背景などを語りながら展開していく構成である。

一方、利用者の立場で、日常のカウンターの実務を通してみても、農民服や作業服、ある地方の田舎の民族服などを調べたいと質問する利用者は多くあり、現場では、利用者と一緒に、いろいろ本を見て探していた。このような現場を長く見ていただけに、探索する利用者にとっても分かりやすい、探し易い章名にしようと調整して六章に組み立てた。

## 各章の章名と執筆の狙い

第一章　君主および皇帝・皇后の服装（六図）

①君主及び皇帝・皇后など国を治める人物の身分服・階級服の最高権力者の服装をあげた。

②古来エジプトの時代では、王の衣服は平民とかわらない衣服を着用していても、＜長＞の身分を示すためにライオンの尻毛を背につけ、自らの地位をアピールしていた。時代が進むにつれ、君主や皇帝は、権力の象徴として市民とは異なる豪華な衣装に、威厳を誇示していた。

③時代性や国による相違はもちろんあるが、権威・支配力の象徴として、この身分服から服装のもつ役割・機能と人物像が見えてくる。

第二章　戦士の服装（八図）

①戦士の武装の歴史は、服装史において重要な部門であり、市民や貴族の服装は武装から発展したものが多く見られる。

②武力的行為は武器などの物的な要素と、戦闘兵などの人的要素で構成されることが多いが、終局的には経済的条件や政治的・文化的条件に依存する。

③この章では中世から近世の戦士の種類、あるいは兵士の身分・役割などによる武装、戦闘服（軍服）などを観察する。

第三章　祝祭服・儀礼服（一三図）

①祝祭服・儀礼服は民族服に含まれるものが多く、日常の衣服とは異なり特別な意味をもっている。

②ヨーロッパの祭りは圧倒的にキリスト教の教会行事と結びついたものが多いようだ。復活祭、聖霊降臨祭、クリスマスなど年間の教会暦を埋め尽くしている。

もう一方では、世俗的な民間行事、農耕や牧畜などの予祝や感謝の意味をこめた農民の伝統的な生活に結びついた祭りで、古代からあった豊饒儀礼を受け継いだものが、前者と結びつき、季節によってさまざまな祭りがとり行われる。

③祭りや行事で着る衣服は「晴れの衣装」といわれ、普段着とは違う刺繍やレースで豪華に飾られた伝統の衣装を着用することが多い。

④民族（民俗）服は、その衣装を着用する民族集団や、ある地域の人びとの自然的環境あるいは社会的・文化的な環境のアイデンティティーを示すものである。

第四章　作業服・農民服・職業服（九図）

①本章では、漁労服、農民服などの作業服としての実用的機能に視点をおいて、文献から渉猟した、地方・民族、時代の特徴ある衣服をとりあげた。

②実用的機能とは、「動きやすい」「働きやすい」衣服である。

③漁労服、農民服などの作業服は「働きやすい」衣服の実用的機能が重視されている。だが、西洋の人々に実用的な衣服は、あまり必要とは思われない刺繡やレースで衣服を飾り、その地方、民族の美的感覚を衣服に表現しているものが多い。

④職業服としては、ここでは「飛脚」を取り上げ、国ごとによる制度の歴史、発展過程、それに伴う衣服の変化を見る。

第五章　地域の伝統衣装（一〇図）

①五章では民族（俗）服を紹介する。

②民族とは、人種的、地誌的起源が同一で、とくに言語が共通する社会集団である。いずれの民族にせよ、特定の地域で生活するうちに、自然環境や社会環境に適応した服飾様式が形成されていく。そうして形成された衣服には信仰・宗教、文化的価値観など多層的な思想や機能、その他諸要素を内包している。

③民族衣装とは、ある民族が主体として地域的・生態的につくられてきたもので、その民族の歴史衣装ともいえる。
④民族服の特質は、流行の変化に従属せず、基本的には変化しないところにある。

第六章　スポーツ服・遊戯服（一〇図）

①一九世紀後半のスポーツの普及は、とりわけ女性にとってスポーツ服という過去の服装史上にない衣服が誕生した。
②これまで求められた女性美と女らしさは、ウェストは細く絞り、腰を膨らませ、人形のような女性の身体が理想とされてきた。時代の進展に伴い、かつては経済的自立や法的権利を認められていなかった女性が社会参加するようになり、健康、女性美に対する新しい価値観が芽生えてくるが、その一端を担ったのがスポーツ服である。
③一八世紀すでに活動的な市民服で各国に影響を与えていたイギリスでは、スポーツ服においても進んでおり、初期のスポーツ服は、スポーツ別による特別な形式の衣服ではなかったが、二〇世紀の後期八〇年代にはサイクリング服のズボンの着用、水着の発展は、とくに女性の近代化を進める大きな要因となる。
④スポーツ服の発展に伴い、日常服もしだいに紳士用と似た婦人用のテーラード・スーツ、すなわち、ジャケット、スカート、ブラウスの組み合わせは簡素化されたファッションになる。

一章、二章は服装史の分野に属するテーマ。三章、四章、五章は民族服の分野に属するテーマ。六章のスポーツ服・遊戯服は、近現代の服装である。服装史と民族服が並列してあり、服装史全体を眺望することができる。

各章には、図像の題目と五つの共通項目（属性）を示し、図像の説明をするという階層性分類を試みた。

属性：①国・地方・民族　②時期・時代　③図版解説　④典拠文献　⑤解題、という記述方式にした。

## 単行本の仕上げ

ここまで、一冊の単行書『装いのアーカイブズ』誕生までの経緯、調査・研究の過程、編集作業、一章から六章までの紹介を記してきた。

些細なことであっても、どの小事も、欠かせない出来事であった。完成まで約一年二か月間であったが、筆者の小さなアイディアからは倍の歳月が流れた。編集担当者には本当にお世話になった。原稿はメール添付で送り、文章の訂正や加筆した方がよいところなどの指摘を受け、一章ずつ完成文にしていった。

あとで知ったのだが、翻訳本の著作権処理は、ほとんどが著作権切れの古い著作物であったので問題はないようであったが、担当者は海外に連絡をとり、処理や許諾の確認を取ってくれた。プレート以外の写真は、自分で本から接写したものであったが、やはり素人の接写では満足のいくような写真ではないようで、担当者から写真を取り直すといわれ、手元にある本を出版社まで運び、プロのカメラマンに接写していただいた。接写する本は、自分の本や文化女子大から貸出しを受けた本であったので、幸いにも難しい問題は生じなかった。

内容が決定しても、レイアウト、特に写真の位置など筆者と担当者との意見の相違などもあり、完全に校了になるには時間を要した。

この本では、先のように『装いのアーカイブズ』の各章の要点を箇条書きでまとめた。興味のあるタイトルを見つけたら、ぜひ『装いのアーカイブズ』を読んでいただきたい。美しい図版が満載されています。

## 本文記述スタイルの事例

例えば、一章の「君主および皇帝・皇后の服装」の最初の題目では、題名を「マリー・アントワネットの宮廷衣装」

1. 国・地方・民族―フランス
2. 時期・時代―一七七八年

3. 図版解説— フランス王妃マリー・アントワネットの宮廷用盛装。

図版は『ギャルリー・デ・モード』というロココ終末期の繊細甘美な服飾芸術をあらわす服飾版画の代表として、その名を残している図版集からの一枚である。

当時流行の大きめの髪型は、横ロール巻に結いリボンや羽根飾りをつけ、左手には優雅に扇子を持っている。

宮廷衣装（Robe de Cour）デレ画 1778 年

4. 典拠文献— *Galerie des modes et costumes français dessinés d'après nature 1778-1787.* Réimpression accompagnée d'une préface par M. Paul Cornu, 4v. Paris, E. Lévy, [1912]. (Facsimile)

5. 解題— 原著の解題、訳書がある場合は訳書から解説すると、早く出来て分かりやすい文章になる。書名の由来や書誌的変遷と著者の経歴など。六章のなかで、服装として特に女性に大きな変革をもたらしたのが「スポーツ服・遊戯服」だと思う。

## 「ブルーマーズ」について

『装いのアーカイブズ』からの一部転載になるが、ここでぜひ紹介したい。

「ブルーマーズ」とは、裾口にゴムを入れたゆるやかなズボンのこと。

フランスではナポレオン帝政期が、第二のロココ時代といわれるような華麗な上流市民社会が展開していた頃、アメリカでは服装の改革と婦人の地位向上とを結びつけようとする、アメリア・ブルーマー夫人（Amalie Bloomer, 1818–1894）の衣服改良運動が始まっていた。

胴を不自然にきつく締め付けるコルセットを排除しようとする改良服への提唱がされていたが、成果は得られなかった。こうした進歩的な女性たちが輩出したかげには、イギリスの自由主義運動が影響している。J・S・ミルの『自由論』『婦人の隷従』は、婦人の職業的、社会的解放の主張や両性の平等を説いた。合わせてスポーツ服の発展により、夫人の運動から約四〇年後、女性のテーラード・スーツ、ズボンなど男子服に接近し、

アメリア・ブルーマー婦人 1850年

機能的な衣服が着用されるようになり、ブルーマー夫人のこころざしが実を結ぶことになる。

女性の衣服の機能化は、こうしてスポーツ服の発達により達成されるようになるが、女性が公然とズボンが穿けるようになるのは、二〇世紀の第一次大戦を待たねばならない。

サイクリング服 1894年

注

図の出典「サイクリング服」「アメリカ・ブルーマー婦人」千村典生『新版ファッションの歴史』鎌倉書房　一九七八年　四四―五九ページ

## 章立ての盲点を検証する

以上のように、章として六章を立て、階層性分類を試みたが、この六章に納まらない服装もある。『装いのアーカイブズ』で取り上げていない「演劇衣装」は、六章のどこに分類されるのがふさわしいか。六章のどの章をみても入らない。これは著者の反省の一つである。

だが、演劇衣装、舞台衣装、あるいは芝居の衣装が、庶民の衣服に与えた影響は大きく興味深い衣装であることは、洋の東西を問わない。ここで舞台衣装を紹介しよう。

話は一転、わが国日本になるが、日本の歴史をふりかえってみよう。

江戸時代も中期、明和三年（一七六六）ころ、江戸の街は「路考茶（ろこうちゃ）」と呼ばれる茶色の着物がはやり、とりわけ男の着物や羽織に用いられたが、粋を好む江戸町人は誰もみな「路考茶」に憧れ好んだそうである。グレー（灰色）が混じったような落ち着いた茶の色合いである。これは、芝居の中村座で『八百屋お七恋江戸染』という当たり芝居が上演され、当時人気の役者、瀬川菊之丞が、お七の下女の役で着た着物の色がこの「路考茶」だったそうである。役者の魅力が加わってのことだが、色味のみならず、羽織や小物の裏地までも、役者の衣装は町人の手本となっていた。

戦後の昭和三〇年代以降、テレビというメディアが一般庶民に与えた影響は論を待つに及ばない。

若い読者の皆さまはご存知ないかもしれないが、昭和三七年ころ、『君の名は』というメロドラマがあった。脚本家菊田一夫の代表作で、ラジオドラマから始まり、テレビ放送では、その時間になると、お風呂屋さんが空になるというくらい、家族みんなでテレビの前に陣取ったのである。東京、有楽町の数奇屋橋で主人公の春樹と真知子の二人が、はかない逢瀬を忍んでいる場面であるが、このとき、真知子は首に白い毛糸で編んだ長めのショールを肩からぐるりと一周させて頭や首をすっぽり覆い、残りのショールの端を首に巻きつけた。「真知子巻き」と呼ばれ、そんなスタイルがはやり、若い女性のファッションともなった。テレビは現代も同様に多くの年代層に影響を与えている。

ここで紹介するのは、パリでの状況を語っているのが次の雑誌である。

---

『パリ大劇場の舞台衣装と年譜　一七八六－一七九〇』五冊

注記（不定期週刊刊行物）表紙題名：演劇の衣装

内容一．パリ．一七八六

　　二．パリ．一七八七

　　三．パリ．一七八八

　　四．パリ．一七八九

　　五．舞台衣装論　パリ．一七九〇

*Costume et annals des grands théatres de Paris, 1786-89.* Paris. 5vols.

note　Frequency: weekly. On spine: Costume des théatres.

演劇雑誌『パリ大劇場の舞台衣装と年譜』は、一七八六年一一月から発刊された同名の週刊演劇誌を各年ごとに五巻本にまとめたものである。

フランス革命に翻弄される直前のコメディー・フランセーズの状況を知らせる貴重な資料となっている。

フランス座やイタリア座で評判になった演目を毎回取り上げて、ストーリー展開や俳優の演技について評論し、見せ場の台詞を紹介するのがおもな内容だが、人気俳優の彩色プレートを添えて舞台衣装にも焦点を当てているのがユニークである。

フランスの一八世紀ファッションといえば、ブルボン王朝の華やかな宮廷衣装で代表されるのが一般的だが、実際には、七〇年代後半以後の流行の発信地はパリの街に移っており、宮廷衣装はむしろ急速に保守化していった。当時のファッション・プレート（後述）を見ても女性のドレスの種類が増えているだけでなく、たびたび変わるドレスの装飾やヘアスタイルにつけられた名称が、評判になった芝居や役者に関連している場合が多く、また明らかに演劇界からの影響を受けたと思われる異国的なドレスも登場している。フランス革命前後の活気あるパリの流行の動きをとらえるには、演劇界の舞台衣装を無視するわけにはいかない。コメディー・フランセーズで喝采を浴びた俳優たちは、どのような衣装で登場したのだろうか。

初号から三号までは、コメディー・フランセーズのそうそうたるベテラン役者の来歴を示し、四号からは人気女優ルイーズ・コンタ（Contat, L. 1760–1813）を登場させている。コンタは『フィガロの結婚』の初演（一七八四年）以来、シュザンヌ役を演じ、容姿の繊細さと演技の軽妙さで大評判になった女優である。

『フィガロの結婚』は大当たりして、彼女の舞台衣装からシュザンヌ風へアスタイルやフィガロ風ジャケットが数年にわたり流行している。パリの街がいかに演劇と深く関連していたかを教えてくれる格好の例である。

「演劇衣装論」は一七八六年二〇号あたりから現れるが、ページ数が増えていくのは、八八年以降である。ちょうど演劇衣装の改革論が広まった時代でもあり、舞台衣装の効果と正しい時代考証のあり方を具体的に提案することが、この「演劇衣装論」の目的となっている。

当時は一般に、悲劇は古代ギリシアか古代ローマの衣装、喜劇は異国的衣装か農民の服装、または当時の流行衣装を用いることにほぼ決まっていた。俳優たちは古文書や絵画を参考にし、場面を考えて画家にデッサンを描かせて衣装を作らせていた。

「舞台衣装論」に取り上げられたのは、主としてギリシア神話の英雄や古代ローマの皇帝や市民や兵士であり、オリエントの王や異国の衣装にも及んでいる。風俗風習を含め細部の装飾に至るまで、出来るだけ正確に考証した結果はプレートに描写されている。おそらくポンペイの発掘やギリシア半島への考古学調査が可能になったことが、古代衣装の考察に影響をあたえたのであろう。材料を簡素にし、宝飾類を排除したところに新しい古代衣装の解釈があらわれている。衣装の真実性と演技の単純化を主張したのは、名優フランソワ＝ジョゼフ・タルマ（Talma, F. J. 1763-1826）であるが、タルマが活躍を始めるのはフランス革命時代になる。

なお衣装論のなかに、日本の秀吉をテーマにした悲劇作品から想定した衣装が「三人の日本人」というタイトルのプレートに描かれている。東洋風な衣装は正確とはいえないが、演劇作品の対象になった時代や地域の広さに驚く。

**出典：**『文化女子大学図書館所蔵　欧文貴重書目録　解題・目録』（二〇〇〇年）収載
辻ますみ著『パリ大劇場の舞台衣装と年譜　一七八六－一七九〇』より抜萃
＊ファッション・プレートについては、Ⅵ章「専門用語と解題」項（一〇〇ジペー）で詳細に解説する。

Ⅳ章

# 歴史背景を考察する

## 1　用語の違いに着目する

これまで、私の解説のなかで、「服飾版画」は「服飾プレート」「モード画」「プレート」と、さまざまな用語が用いられてきた。それは私が見てきた文献に、そのように書かれていた、といおうか、そのように表現されていたからである。「服飾版画」は、先に挙げた用語の総称である。

服飾版画は、衣装やモードの伝達媒体として一枚ごとに刷られた古い版画の総称をいう。厳密にいうと、服飾版画にはコスチューム・プレートとファッション・プレートとがある。

コスチューム・プレート（costume plate）とは、過去に着られた記録としてのファッション、例えば、貴族や特権階級、民族衣装などの版画を指すが、およそ一六二〇年ぐらいまでの衣装を範囲として厳密なものではない。風俗史料としての価値を有する。それに対し、ファッション・プレート（fashion plate）とは、市民服など現在・未来を予測する服装、同時期に描かれたものをいう場合が多いが、同様に厳密なものではない。ファッション・プレートは、換言すれば、これから流行するであろう、あるいは、ある衣装を流行させるために、版画で刷ったプレートのことである。

## 2　宮廷のモードとモード商人の活躍

### フランスの宮廷衣装

一八世紀以降から近代にかけるファッションの歴史を知るには、まず、このフランスの宮廷衣装の話から語らなければ進まない。

さて、ファッションの生みの地であるフランス一八〜一九世紀の宮廷衣装は、服飾史上もっとも優雅で華麗といわれている。フランスはなぜファッションの主導権を握ったのであろうか。要点を絞れば、ルイ一四世を頂点とする絶対王政のもとで、経済の発展が宮廷を繁栄させた。重商主義に保護されたフランスの商工業、とりわけ衣装に関わりのある繊維工業や手工業産業に力を注ぎ、上質のシルクやレース類が生産された。また、商工業の好況により都市化が進み、文化施設である劇場の建設や公園、散歩道が設けられた。経済に支えられた文化の進展が直接的な要因であろう。が、何といってもフランス人がもっている先天的な豊かな創造性と芸術への愛好心が魅力的なファッションの発想を生んだにちがいない。

## モード商人とは

フランス、いや、西欧のモードを牽引したマリー・アントワネットは、いまやすべてを自分の思い通りの世界にした。彼女は即位後の一年間は、化粧品や他愛もない装飾品や小物などに三〇万フランの借財をつくってしまう程だった。

この装飾品を扱う小物商人たちの存在も大きかった。一七七〇年代にはモード商人たちの同業組合が成立する。彼らは商品の小物をアレンジして衣装を飾り、新モードを創造して流行を支配するまでになった。

マリー・アントワネットのお出入り商人、ローズ・ベルタン（Rose Bertin, 1747–1813）は「モード大臣」と呼ばれ、いかに女王を美しく華麗に化身させるか、さまざまな豪華な装飾品を用意するのに日夜を費やしていた。史上最初の服飾デザイナーともいえよう。

野心的で目先のきく商人であったローズ・ベルタンは、お針子を引き連れてヨーロッパ中を駆け巡った。彼女のファッションはエレガントだという評判が各国の宮廷で生まれ、引っ張りだこになっていた。

ローズ・ベルタンにとっては、自分の店の商品の紹介にほかならない『ギャラリー・デ・モード』[注1]の服飾プレートは、モードの海外戦略には必要にして不可欠なものだった。現物の衣装がなくても、服飾プレートは十分その役割を果たした。服飾プレートは本物衣装の版画絵であったが、その服飾プレートをもとに衣装を作らせていたのだ。ローズ・ベルタンこそ、「模倣されることによって利益を得る」という資本主義的なクリエイターであり最初のデザイナーでもあった。宮廷という権威に支えられていたローズ・ベルタンもフランス革命により急速に衰え、ドイツに亡命、一七八七年には未収入金が増大し店は破産に陥り、一七九二年パリを脱出して歴史から消えた。

注1　*Galerie des modes et costumes français dessinés d'après nature 1778-1787.* réimpression accompagnée d'une préface par M. Paul cornu, 4v. Paris, E. Lévy, [1912]. (Facsimile)

## 3　台頭するモード・ジャーナリズム

### フランス革命の後で

前述の「パンドラがやってくる」という題で、私がＪＡＤＳの研究会で発表した、パンドラに続くモードのメディアが服飾版画である。パンドラの話の続編ともいえる。

『ギャルリー・デ・モード』は、全身像を描いた服飾版画の草分けである。原画者は、パリのシャンゼリゼ通りやオペラ座を巡り、パリの情景や催し物、新しい習慣を観察してモードの原画を考案していたにちがいない。

『ギャルリー・デ・モード』に続いて出現したのが、『ジュルナール・デ・ダム・エ・デ・モード』[注2]である。『婦人流行新報』とでも訳そう。本誌は、フランス革命という激しい事件のあと、一七九四年以降、ナポレオン総裁政府のもとでの風俗の開放は、モード・ジャーナリズムという新しい現象を生み出した。

創刊者は、書籍業者のセレック（Sellèqhe, 生没年不明）とクレマン（Clément, 生没年不明）夫人で、これに、ピエール・ド・ラ・メザンジェール（Pierre de la Mésangère, 1761-1831）という一風変わった経歴者が加わった。彼は修道院の会員であったが、革命で神父の職を失い、パリに職を探しに来ていた。友人のセレックが手掛けているモード雑誌社に身をおくことにした。セレックは販売の方を担当、編集はもっぱらメザンジェール一人に任された。彼は、社交界に入り込み、貴婦人やダンディたちのファッションをスケッチと文で書きとめ、また、チュルリ公園やブーローニュの森、避暑地に出掛けて流行の仕立屋のアトリエにまで通い、モード画を考案した。メザンジェールが現れないところには、モードは存在しないとさえ言われるくらいだった。

## ファッション・プレートの拡散

四二年間にわたって、各号に一枚の美しいプレートが綴じこまれた八《ページ》の二〇《センチ》ほどのこの小冊子は、五のつく日ごとに発売され、購読者はそれを心待ちにしていた。読者はパリのみならず、フランス地方都市はもちろんヨーロッパ圏内に及び、また同じプレートを転載した他国版もいくつもあった。パリの本屋でも売られていた。通し番号が打たれた手彩色のプレートは、通巻で総数三六二四点を数える。

　版画の体裁は、版画を囲む枠の上に「パリの衣裳 Costume Parisien」の文字が書かれ、枠のなかの右端に創刊以来の版画の通し番号がある。画家のサインは無く、特定は難しいが、初期の画家には、ヴェルネ（Vernet, H., 1789-1863）、ドゥビュクール（Debucourt, P.-L., 1755-1832）、ランテ（Lanté, L. M., 1789-?）などの著名な画家が名を連ねている。何枚かのプレートには、下絵を描くときにヒントになったパリの通りや劇場名が刷り込まれており、シャンゼリゼやオペラ座などが散見できる。このような場所で当時のしゃれ者たちは互いにおしゃれを競っていたのであろう。記事の内容は、パリの情景や催し物、新しい習慣や音楽、モード、プレートの解説がおもなものであった。

　彼のジャーナリストとして成功した一つは、新しい読者層を開拓したところにある。革命政府が積極的に推進した制度に郵便馬車がある。地方にいると、パリの情報だけは郵便馬車で入ってくるが、人間はめったには移動できない制度になっていた。

## 時代の変遷をみる

地方に居て動けない貴族や高級役人などの妻や娘たちは、地方では「小宮廷」として、モードの権力を握っていたが、やはりパリに対する憧れは強烈なものがあった。それに、フランス革命で王族や貴族の顧客を失ったモード商人たちを読者に迎い入れたのである。

王政復古と社会背景が変わるにつれ、雑誌のデザイナーや髪型装飾師などの店の名が載るようになる。現代のファッション・ジャーナリズムの胎動を感じさせる興味深い時代である。

メザンジェールが他のジャーナリストより優れていたところは、モードの観察以外にも、これまでのモード雑誌にはなかった付加価値を与えようと努力したことである。それは自分で観察したファッションを、ヴェルネやランテなどの超一流の画家に複製させたことに現れている。実際は凡庸なファッションであっても、彼らのモード画家にかかると、すばらしいデザインに変身することもあったのではなかろうか。

また読者は、雑誌の記事に対して意見や感想などを投稿するようになった。読者の投稿欄が設けられ、美術館のニュースや逸話などの記事で賑わった。

服飾版画に描かれたパリ・モードが広がり、そのモードがより多くの人々に模倣されることにより、そこから、またより多くの新たなモードが創造されてゆく。

こうして『ジュルナル・デ・ダム・エ・デ・モード』は、新しい読者層を格段に広め、四二年間という長い期間刊行が続いた。これまでには見られないモード・ジャーナリズムが形成されつつあったといえよう。

注2　*Journal des dames et des modes*, 1797–1839.

# Ⅴ章

# 文献解題の書き方

## 1　解題の意義・機能

図書館用語の定義にとらわれず、実際に解題を書く立場でまとめてみる。

文献解題とは、「特定の著作に対して、その内容、対象領域、成立事情、他の著作との関連などを説明したもの」と定義される。図書目録法の一般注記にあたる部分であるが、むしろ書誌学的な範疇に入るのではないかと思う。

文献解題に類似する用語に、文献紹介、文献案内、文献展望、文献研究などがあるが、ここでは、その意味合い、相違などは割愛する。

解題の意義や機能を簡潔に示すと、大きく三つが挙げられる。

①ある文献の書誌的事項を確認するために役立つ。

②ある文献の概要、特徴、価値などを知ることができる。
③ある主題または領域の研究史、研究方法、研究の手引きとすることができる。

右記から、単に書誌事項を並べて文章にしたものは解題とはいえない。書誌事項は、文献の骨格であるから正確に記述しなければならないが、大切なのは、その本がどんな内容なのか、著者はどういう人物なのか、特徴はどんなところにあるのか、主題領域での価値など、初心者や門外漢の人にも分かるように解説したい。

## 2　解題でとりあげる内容

一例であるが、解題の実際の書き方を紹介しよう。

解題は、掲載する図書や雑誌の性格により書き方が異なる。さらに、縦書き、横書き、欧文などがあり一様にはいえないが、要求されている主旨や条件を満たすスタイルをよく考慮し、執筆してほしい。ここでは筆者が採用してきた方法を記すが、英文の原本や欧文の訳本が多かったが、訳本の場合はできる限り原本にあたり、自分なりに、咀嚼して文章にまとめた。どちらかというと、文献研究に近い詳細な解題の書き方である。

### 書誌事項の表記

①文頭には、標題（表題）、著者などを太字で記す。
②次に文頭より一文字下げ、書誌事項として、出版地、出版者、出版年、対照事項（ページ・大きさ）、図版など。ただし、字数との兼ね合いなどで、(1)、(2)を続けることもある。
また、執筆条件などから、文末に書誌事項をまとめて記載することもある。
③欧文文献の場合は、まずその本が何語で書かれているか、言語をみきわめる。英語、仏語、独語であればすぐに着手できるであろうが、ラテン語や古語のフランス語は語学の専門知識を要し、司書では困難かもしれない。
文頭には、標題（表題）、著者、書名などの邦訳と原タイトル。または原タイトルと邦訳。
書誌事項としては邦文と同様に出版地、出版者、出版年、対照事項（ページ・大きさ）を記す。

**解題文**

指定された字数に納まるようにする。扉絵、図版、写真等もスペースが許せば載せたい。次のような事柄を念頭におき、解説を考える。

**著作の概要**

①著述の主題は何か：おもな内容、構成、範囲（時代、国・地方、民族）と書かれている言語、出版の目的・意図、対象とする読者層

②著作の種類・形式はどのようなものか：単行書（研究書、図版集、旅行記、その他）、あるいは雑誌か、その他

③同じ主題の他の著作との比較（主旨、評価）、後世の文献への影響はどうか、評価や引用度

研究者が解説する分野に相当する事項と思うが、司書であっても長く一つの主題を、書誌などを用いて調査・研究していると、一点一点の文献の特徴が見えてくる。同一主題の文献を多く読み、調査することは、主題の知識を深める。後世への影響とは、その文献が、他の文献や論文に引用されているかどうか、参考文献や引用文献に挙げられているか、などにより、評価されることが多い。自然科学系の論文等に多く用いられる。

**特記事項**

書誌事項のうち、特記すべき事項を加える。

①著者に関することでは、著者の国籍、生没年、経歴、業績、注記として異名、称号、書誌事項に表示されていない著者に準ずる者（共著者、監修者、挿絵画家など）

②書名・誌名に関することでは、文頭の書誌記述で省略されている部分（副書名、叢書名、冠称）、旧書名、異書名なども分かれば記述する。雑誌の場合は、誌名の変遷、巻号（Vol. No.）、書名・誌名の由来など

③出版事項に関することでは、初版か否か、版は何版か、現出版社と異なる場合には、初版や異版の出版社、私家版、流通で特記すべきことでは Limited edition.（限定出版）かどうか
④出版地、出版者、出版年で特記すべきこと
⑤図版に関することでは、原画であるか、版画であるか、現代の図版は写真が多い。
版画である場合は、図版製作者、版画の技法、彩色方法など。版画の図版についてはⅥ章の「専門用語と解題」（一〇〇ページ）で解説する

### 文献番号等

参考にした書誌、ビブリオグラフィのカタログナンバー（No.）など、一冊の目録中の文献であれば、文献番号や目録上の整理番号を記載する。

解題文では、書誌的事項や内容からその本の特徴的な事項を拾いあげ記述するのがよい。右にあげた細かい事項は、あくまで解題文を考える要素であり、このなかから解題する本の特徴を現すものを選び案文する。

解題文に書くのに必要な書誌的事項を挙げてきたが、解題する本の特徴、例えば、「書名の変遷」などがある。洋書も多いが、和書にもある。冠称が初版では付いていたものが、二刷りや二版では省かれている場合もある。さらに三版には初版の冠称に追加された言葉が加えられ

ている古い文献がある。そのような特徴がある場合は、他の事項を簡素化して記述し、特徴のある部分を強調して解説することは、きっと読者には参考になろう。

洋雑誌の場合も同様に誌名の変遷は多い。刊行期間が長くなればなるほど、編集者の交代や、新規さを目立たせるために、特にサブタイトルを変えることが多い。また、所有者が装丁の皮装を自分好みに製本してタイトルを直してしまうこともある。もちろん一七〇〇年から一八〇〇年代の古い洋雑誌が多いようだ。まったく司書泣かせの本である。

「著作の概要」に挙げたすべてのことを解説しようとすると、長くなり焦点が見えなくなる。あまりだらだらと記述すると全体がぼけてしまう場合がある。再読してみて、必要ではない部分は、削除がもったいないと思われても、思い切って切り捨てよう。すっきりした文章になるだろう。

## 解題例1

『ラ・ベル・アセンブレ 1806-1851年』（*La belle assemblée.*『上品な集会　1806から1851年まで』London, printed for J. Bell, Gallery of fine arts. 1806-1851）

本誌は一八〇六年イギリスのジョン・ベル（John Bell, 1745-1831）により創刊され一八五〇年まで続刊した初期ファッション誌の優れたものの一つに挙げられている。

ジョン・ベルは一八世紀末から一九世紀初期にかけてのイギリス出版界の重鎮で、良書の出版を多く手掛け、印刷業や本屋を営み、ジャーナリストとしても活躍した人物である。彼は一七七一年、新聞『モーニング・ポスト』（*Morning Post*）を同志と創刊したのを契機に、いくつもの新聞・雑誌を刊行するが、なかでも著名なものに一七九六年に創刊した『ベルズ・ウィークリー・メッセンジャー』（*Bell's Weekly Messenger*）という日曜新聞がある。これはイギリスの政治・経済に重点をおいた新聞であるが、フランスに特派員を送り、フランスのさまざまなニュースを取材・掲載しており、当時のフランスを知る数少ない貴重な情報源として知られている。

イギリスでは最初のファッション誌といわれる『ザ・レディズ・マガジン』（*The lady's magazine*）が一七七〇年に創刊されていた。ベルは一七八七年に〝*The world, or Fashionable gazette*〟を発刊、豊かな感性とファッションへの理解から生まれたこの雑誌は多くの読者を獲得していたが、読者がモードに強い関心を寄せていることを察知し、『ザ・レディズ・マガジン』を上まわる質の高いファッション誌を創ることに力を注ぎ、本誌が誕生した。

『ラ・ベル・アセンブレ』の創刊の辞で、ベルは「挿図やレイアウトなど誌面での新しい試みを施した」と述べているが、印刷の技法、活字の書体など、これまでにない新風と趣味性を吹き込み、今日的な雑誌の祖型をつくった。一八〇六年二月の創刊号の扉では、そのみごとな成果を示している。当時としては、きわめて高い芸術的感覚を示し、創世記のファッション・ブックのなかでも秀逸なものとして評価を得ている。特に一八一〇年から一八二〇年までの一〇年間がもっとも充実している。

『ラ・ベル・アセンブレ』は「上品な集会」とでも訳そうか。月刊で発行され、内容は当時のこの種の雑誌と同様に、文学、芸術、演劇、社交界の話題を含むが、初期のものには折り込み楽譜や書簡なども挿入されている。本誌のタイトルにもなっている〈ラ・ベル・アセンブレ〉という欄では、ロンドンやパリのファッションと自国の流行などの記事に月二枚程度の銅版画のファッション・プレートを挿入して、モード情報を提供している。

刊行は複雑で、サブタイトルや新シリーズに名をかえ、書誌事項の変更が多い。文化女子大の図書館の所蔵本も購入時期が数度にわたり、初回に購入したものは、創刊から一八一九年まで揃いであるが、以降はだぶりと欠本があり、書誌変遷は明確にはつかめない。また、文献目録により記述は異なるが、変遷はおよそ以下のように三つに分けられる。

第一期は一八〇六年から一八二四年。

---

*La belle assmblée or, Bell's court and fashionable magazine : addressed particularly to the ladies.*

「上品な集会、もしくはご婦人方に呼びかけるベルのいざないと社交界の雑誌」

第一期も一八〇六年から一八一〇年までと、New series の一八一〇年から一八二四年との二期に分かれる。

第二期は一八二五年から一八三二年。

*La belle assmblée or, Bell's court and fashionable magazine, containing interesting and original literature and records of the beau-monde.*

サブタイトルの後部を「楽しく独創的な文芸と美しい社交界」にかえた。

第三期は一八三二年から一八五〇年。

*New manthry Belle assmblée : a magazine of literature and fashion.*

新シリーズに改め、〈New manthry〉をタイトルに付している。

ジョン・ベルが没した一八三二年以降、版権を他人に譲渡し、本誌は新体制で継承された。

本館には、〈New manthry〉シリーズの一八五一年も所蔵している。

以上の書誌事項の変遷は次の書誌から確認できた。

・Hiler p.78（記載ページ）

・Colas 289 Lipper. 4596（文献番号）

同種の書誌を所蔵している場合は、根気よく調査をする必要がある。

**解題例2**

次の雑誌は所有者の好みで独自に製本されたと思われるものだが、この雑誌も書誌を調べながら、確認できた例である。

---

『ラ・モード：高雅な社会の雑誌』（*La mode ; revue du mande elegant*）

Paris, 1829-1862. on spine : Journal et gravures des modes.

表紙には、*Journal et gravures des modes.*（モードと雑誌）と書かれてある。

一九世紀はモード誌の黄金時代といわれ、数々の優れた雑誌が刊行された。なかでも、『ジュルナル・デ・ダム・エ・デ・モード』（*Journal des dames et des modes* :（以下、『ＪＤＭ』）と本誌『ラ・モード』は一九世紀前半を代表するモード誌である。

本誌が、モード誌として注目されるのは、この雑誌が一八二九年にジャーナリストのエミール・ド・ジラルダン（Emile de Girardin, 1806-1869）により創刊されたところにある。

ジラルダンは一九世紀初頭から中期までフランスのジャーナリズム界で活躍した人物で、新聞等の編集・発行にさまざまな近代的手法を取り入れ、ジャーナリズム界を先導したといわれている。ジラルダンは本誌を創刊する前年の一八二八年に、『ヴォルール：*Le voleur*』を刊行し、成功を収めていた。この新聞は、当時売れていた大新聞から三面記事や実用記事などを切り抜いて寄せ集めたパッチワークのような剽窃《ひょうせつ》新聞であった。そのころ定期刊行物はまだ予約購読制であり、年間購読料を前払いして購読しなければならず、労働者や新興の中小ブルジョワジーは幾つもの新聞を取ることは経済的に無理であり、一紙に情報を満載した『ヴォルール』は、創刊号から爆発的に売れた。成功を収めた彼は、『ヴォルール』の経験を生かし、地方役人の妻や女性読者がモード情報に飢え、渇望していることに注目し、『ラ・モード』を創刊するに至った。

帝政期から王政復古期にかけては、『ＪＤＭ』（メザンジェール刊行）が、モード誌の王座にあったが、七月革命を迎えるあたりから、さすがに時代の流れとともに、マンネリ化により売行きが鈍化していた。ジラルダンはそこに目をつけた。

創刊当初の『ラ・モード』誌は、当時の女性文壇を賑わしていたフェミニズムのエッセーや読み物、モードの哲学、最新モード情報と、モード画など三四ページほどで、『ＪＤＭ』より数倍の情報量が盛り込められていた。モード批評やエッセーには、当時まだ新人であったバルザックやジョルジュ・サンド、フレデリック・スーリエらが名を連ねている。モード誌に新鋭の思想が掲載されたのは、まさにジャーナリストの時代を見る目によるものであった。

また、ジラルダンは景品を付けるなどの販売方法にもアイディアを生み出した。本誌を通覧すると、一八三一年ぐらいまでが最盛期で、何度かサブタイトルを変えて一新するが、新たな展開は少なく、後期は平凡なモード誌になり一八六二年で終焉する。

さて、雑誌は生き物といわれる。刊行期間が長期になると、誌名の一部をかえて生き長らえるが、その全貌を把握することはまことに難しい。そのうえ、西洋では書物の装丁など所有者の好みで独自に製本加工することもあり、その正体は一層つかみにくい。本館所蔵本はその両方の条件をもつわかりづらい雑誌である。

大きさは二一・五×一三・五センチ、赤い表紙にえんじの背皮、背文字は金の箔押しの装丁で、“*Journal et Gravures des Modes*”と記されているが、標題紙はなく、いきなり本文が始まる。どの巻も表紙はなく、本誌の所有者は表紙をはずして製本したものと思われる。根気よく何度も見ていると、五冊目の合冊のなかに表紙を抜き忘れたのであろうか、タイトル・ページに“*La Mode, revue du monde elegant*”を発見した。背題とは異なる標題であったが、『*Colas*』（書誌）を見ると、発行地が所蔵版のものと同じ“Rue de Helder 25”であるので確認がとれた。

『*Colas*』によると、本誌は大きく三期に分かれる。

第一期は、一八二九年一〇月『モード：モードの批評、風俗通信、サロンのアルバム』のタイトルで、週刊で創刊され、一八三一年五月（?）まで続く。次にサブタイトルを「優雅な世界の雑誌」「政治と文芸の雑誌」と変えて一八五四年九月一五日まで続く。第二期は、同年九月二五日から一二月五日まではサブタイトルを「世界的な雑誌、芸術家のジャーナル」にし、出版地も変わる。だが、一二月一五日から翌年の年一月一五日号は「優雅な世界の雑誌」に戻る。最後の第三期は月刊となり、一八五六年から「新しいモード、文学、宗教、歴史、美術、科学、詩、評論、演劇、社交界の話題」にかえ、一八六二年一〇月までで終刊する。

文化女子大学図書館は、一期後半一八三二年から二期の半ばの一八四六年までの二九冊を所蔵する。

次の書誌から確認できた。

・Hiler p.619–620（記載ページ）
・Colas 2070–2072 Lipper. 4613（文献番号）

## 3　西洋服飾史分野の書誌

### 書誌の概観

服飾（costume）の分野は、英文のレファレンス・ブックのガイド[註1]では、応用美術（Applied Art）に分類される。同様に服飾の一般書もここに収められている。日本では「風俗習慣、民俗学」に分類される。「服飾」を研究する場合、日本と欧米の分類の違いはもちろんだが、明らかに研究領域や方法に相違がある。それは主題である服飾のとらえ方の相違に起因している。

私たちは西洋服飾史の和書を見るとき、日本の分類法に従い、分類番号［383］の風俗・習慣、民俗学からアプローチするが、時々、違和感を覚える。コスチュームは応用美術の分野なのである。日本の服飾史と欧米のそれとは、研究の位置づけと領域の相違が書誌などにも反映されている。

### ヒラーの書誌

次に挙げるヒラーの書誌は箇別の文献検索に便利で手元に常時おいて活用している。

ヒラー『服飾に関する書誌』*Costume bibliography*
Hiler, Hilaire and Meyer (comp. by). *Bibliography of costume : a dictionary catalog of about eight thousand books and periodicals.* New York, H.W.Wilson, 1939. 911p.

収録資料は、日常着、行事・祭典・儀式などに着る特別な衣装、刺繍などの衣装装飾を解説した図書、逐次刊行物およびドレスや宝石などの装飾品を描いたプレート集、計八四〇〇点のリスト。一方、服装取締令などの衣服法令や実際のドレスを示していない繊維関係の図書は除外されている。

特徴は、
①サブタイトルにもあるように、辞書体目録に編成されている。
②完全な書誌的事項である主記入(Main entry)は、著者名のもとに記述。
③著者不明の場合は、書名のもとに記述。
④典拠にした「コラ」[註2]および「リッパーハイデ」[註3]の書誌№とLCの№が付与されている。
雑誌・年鑑類のファッション関係逐次刊行物のリストは、Ulrich（2ed.1935年）[註4]のリストを中心に、その他の服飾関係小図書館のリストも加えてある。

編成方法は図書館や関係する他分野のアンケート調査をもとによるLCの主任目録係などの協力者を得て、図書館の専門家協議会で、辞書体編成の目録に決定された。

一九三九年の発刊は、上記二点の書誌「コラ」「リッパーハイデ」より新しく、当然ながら収録点数が多く、より網羅的に探索できる。一九三〇年初頭までに発刊された、ほぼあらゆる言語の服飾関係文献を収録している。

註1　・Balay, R. *Guide to reference books.* Chicago, American Library Association, 1996.（11th ed.) p.702, <Design and Applied Arts>に分類、Costume and Fashion の項
・Winchell, C. M. *Guide to reference books.* Chicago, A. L. A., 1967-1972. (8thed.) p.319, <Applied Arts >に分類、costume の項

・*Wolford's Guide to reference material.* London, Library Association, 1975.　v.2 : Social Historical Sciences Philosophy & Religion. p.281 <391 costume> の項

**註2**　Colas, René. *Bibliographie générale du costume et de la mode.* Paris, Librairie René Colas, 1933. 2v.

**註3**　Lipperheide, F.J.F. von. *Katalog der Freiherrlich von Lipperhide'schen Kostümbibliothek Band 1-2.* Berlin, F. Lipperheide, 1896-1905. 2v.

**註4**　*Ulrich's International periodicals directory.* New York, Bowker, 1932-.

次の論文は『アート・ドキュメンテーション研究 No.18』（二〇一一・三）に掲載した論文の再掲である。ただし、英文の抄録と内容表示は除いた。（見出し表記は論文に従った）

## ヒラー『服飾に関する書誌』の書誌的構成とその効用 ——西洋服飾分野の主要な書誌の比較

*On the Structure and Effects of Hiler's "Bibliography of Costume"*
*: A Comparison of the Primary Works in Western Costume*

**【抄録】**

本稿では、西洋の服飾（costume）分野における主要な書誌四点を紹介する。そのなかの一

点である、ヒラーによる『服飾に関する書誌』は、最初に手掛ける書誌として、文献を容易に早く探し出せ、使い勝手がよく、他の三点に比べて探索効率が高い。ヒラーの書誌的構成の特色と記述例を挙げて、その有用性を検証する。

### (1) はじめに―研究の動機

筆者の勤めていた大学図書館は、「服飾」分野を主題とする専門図書館であるが、なかでも、西洋服飾史の源資料である、欧文の貴重書・稀覯本を中心にコレクションの構築を図ってきた。在職中は、古書の購入など西洋服飾文献の蒐集と所蔵目録の作成に携わった。館員で作成した文献解題付き目録は、司書の専門性が認められ、幸いにも評価をいただいた。[註1]

こうした図書館のコレクション構築や目録作りについては、館員であった佐藤が二〇〇七年に論文を発表している。[註2] その論文では、目録作成などの典拠に用いた欧文の服飾書誌を簡潔に紹介している。

筆者も在職中から、この服飾書誌に関心をもち、退職後もライフワークの一つとして細々ながら調査を続けていた。というのも、業務では、書誌・目録として活用はしたが、書誌自体の成り立ちや特徴を十分には理解していなかった。また、欧文の服飾書誌についての研究は、わが国では、手掛けられていないようで、国立情報学研究所のサイニィ（CiNii）を検索すると、佐藤俊子の論文（報告文）のみである。佐藤は、筆者と同じ図書館で勤務している。筆者より一歩先んじて、調査を手掛けていたのである。そこで、佐藤の論文を先行研究とし、筆者のこれまでの調査と見解を述べることにした。

**註1**　『文化女子大学図書館所蔵西洋服飾関係欧文文献解題・目録』（文化女子大学図書館編刊）一九八〇、三九五ページは、一九八一年七月に「私立大学図書館協会賞」を受賞した。

**註2**　佐藤俊子「西洋服飾関連コレクション構築の状況と目録作成の変遷」（特集：コレクションの構築と運営）『情報の科学と技術』五七巻一二号、二〇〇七、五七五―五八〇ページ

## (2)研究の目的

書誌（文献目録）には、膨大な文献情報から効率よく目的の文献を探索し、その一次文献を特定化する機能がある。とりわけ、古典的な欧文書誌は、欧文古書を扱う図書館員にとり、古書の購入、目録作成、コレクション構築に活用され、文献の典拠や同定に欠かせないツールである。

本稿では、服飾分野の主要な書誌、四点を紹介する。書誌は、その編著者名により、リッパーハイデ、コラ、モンロ、ヒラーの書誌と呼称しているが、そのなかの一点、ヒラー編『服飾に関する書誌』（以下、ヒラーの書誌）にスポットを当て、分析する。それは、実際に利用した経験を通して、ヒラーの書誌は、総じて使い勝手が良く、文献探索において最初に手掛ける書

誌として、目的の文献を容易に早く探すことができるからである。

　書誌を用いて、古典的な文献の正確で詳細な書誌記述を探すのは、思うほど容易ではない。同類の書誌が複数ある場合は、最初の段階で、どの書誌を用いるかは探索作業の効率に関わる。冊子体においても、電子検索と同様に、効率の高い書誌が求められる。

　冊子体の書誌における探索効率は、おもに用いる書誌の、第一次配列の基準となる見出し語に関わる。

　ヒラーの書誌は、アクセスポイントとなる見出し語を多く持つ辞書体目録に編成されており、他の三点と比べて、探索効率が高い。ヒラーの書誌の、書誌的な構成の特色と記述例から、その有用性を検証する。

## (3)主要な西洋服飾分野の書誌

### 3・1　西洋服飾分野の書誌の概観

　服飾（costume）分野は、英文のレファレンス・ブックのガイド[註3]では、総じて応用美術（Applied Arts）に分類されている。

　*Guide to Reference Books*[註4]では、服飾の書誌・索引の項に、先の四点を挙げており、当該分野の書誌として一定の評価を得ていると言えよう。

　四点の書誌では、ほぼ一九三〇年初頭までの一次文献を収録している。ヒラー以後に続く書誌も刊行されているが、分野全般を累積した書誌は少なく、アメリカを対象にした文献、年報形式のもの、特定なテーマに限定したものが見られる。ヒラー以降のおもな書誌で、現物確認のできたものを挙げておく。

Hiler（1939年）以降に刊行された Bibliography　＊刊行年順

・*Modes et costumes de la bibliothèque*, par Louis Becker. Genève, Nicolas Rauch, (Catalogue de vente no.9 de la nouvelle série), 1954. 82p.

・*Fashion and costume in American popular culture: a reference guide*, by V.B. Oliver. Westport, Conn., London,Greenwood, 1966. 279p.

・*Costume: a general bibliography*, by P. Anthony and J. Arnold. London, Costume Society, (Costume society bibliography No.1), 1977. 42p.

・*Hollar to Heideloff: an exhibition of fashion prints drawn from the collection of members of the Costume Society and held at the Victoria and Albert Museum 5 Dec. 1979 to 18 Feb.* 1980. London, Costume Society, 1979. 46p.

・*Bibliography: The Costume Society of America 1974/1979.* comp.by Adele Filene. N.Y., Costume Society of America, [198-] 91p.

・*Bibliography :The Costume Society of America 1983.* comp. by Adele Filene. N.Y., Costume Society of America, [ 198-] 94p.

・*Collection de la Bibliothèque Forney: mode et costume civil: bibliographie,* par Gérand Letexier. Paris, Bibliothèque Forney, 1992. 255p.

・*Darning the wear of time: survey and annotated bibliography of periodical literature of costume conservation, and restoration, and documentation published in English, 1980–1996,* by Miranda H. Haddock. Lanham, Md, Scarecrow Press, 2000. 163p.

データベース検索の時代に入り、現代の服飾資料である一次文献は、冊子体の書誌に依らずとも探すことができる。すなわち、本稿で採りあげた四点の書誌では、ほぼ一九三〇年初頭までの資料を対象としているので、「服飾史」の書誌ととらえることもできよう。

以下に四点を紹介する。

**註3**　長澤雅男『情報源としてのレファレンス・ブックス』日本図書館協会、一九九六、二一九ページ「英文主要レファレンス・ブック一覧」の「レファレンス・ブックのガイド」

**註4**　・Balay, R. *Guide to reference books.* Chicago, American Library Association, 1996. (11th ed.) p.702, <Design and Applied Arts> に分類、Costume and Fashion の項

・Winchell, C. M. *Guide to reference books.* Chicago, A. L. A., 1967–1972. (8thed.) p.319, 〈Applied Arts〉に分類、costume の項

・*Wolford's Guide to reference material.* London, Library Association, 1975. v.2 : Social Historical Sciences Philosophy & Religion. p. 281 <391 costume> の項

## 3・2 『リッパーハイデ服装図書館蔵書目録』

Lipperheide, F. J. F. von. *Katalog der Freiherrlich von Lipperhide'schen Kostümbibliothek Band 1-2.* Berlin, F. Lipperheide, 1896-1905. 2v.

リッパーハイデ男爵[註5]により創立された図書館の蔵書目録で、服飾関係では世界でもっとも権威ある書誌といわれている。特に古版本については詳細で、のちに出版されるコラ、ヒラーの書誌の典拠資料になっている。

目録は、リッパーハイデ男爵が半生をかけて蒐集した服飾関係資料の現物に基づいて作成された。

初版の第一巻（一八九六－一九〇一年）には一六四一点、第二巻（一九〇一－一九〇五年）には三四二三点の計五〇六四点を収録。第二巻の巻末には、著者名のもとに書名を併記したアルファベット順索引と分類体系に基づく主題索引とがある。

目録記述では、標題は現物を正確に再現するよう、大文字、文字のスタイル、記号などは表示されているままに転記してある。また、書誌的事項の欠落、補足箇所は括弧などの記号で原

文と区別してある。内容注記が詳細であり、テキストの来歴や初期刊本については、異版本との校合などの記述が見られ、書誌学的にも優れている。注目すべき特徴は、単に文献目録としてだけではなく、「目録」の分類体系[註6]が示すように、服装学の研究をふまえて編成され、服装学の史的観点からも重要である。また、図版が豊富で、計六〇三葉の原本からの標題紙や挿図を載せ、古版本を見る機会の少ない私たちには得がたい情報源となっている。

配列は分類体系順。時代別服装史、身分服・職業服などの個別服装史、衣服法令と慣習、服飾工藝などについて解説された単行書をはじめ、辞（事）典、年鑑、図版集、逐次刊行物を収録している。

一九六三年に初版リプリント版、一九六五年には増補改訂版が出され、収録点数も増加している。

図書館は、一八九六年に旧東ドイツ領ポツダム街の自邸で開館するが、その後数回にわたり移管され、戦火にもあったが、資料の分散は免れた。現在は、ベルリン国立美術博物館（Kunstbibliothek）の美術図書館部門に併合されている。

註5　平井紀子「リッパーハイデ服装図書館蔵書目録」『文化女子大学図書館蔵西洋服飾ブック・コレクション』文化女子大学図書館、一九八五、一―二ページ
本館では、解題作業を館員・教員で行っていた。筆者は本書を担当した。初版のリプリン

ト版の目次・序文一—二一ページと分類体系を翻訳・解題し、館蔵目録『ブック・コレクション』に掲載したものである。ここでは分類体系を割愛する。

Lipperheide, Franz Joseph Freiherr von（1838-1906）。旧東ドイツのヴィトゲンシュタイン地方バーレベルク生まれ。印刷技術を学んだ後、一八六五年ライプツィヒで書籍販売業を手掛け、ベルリンにモード出版社 Der Bazar を創立。モード誌、服装図版集などの著作もあり、服装研究家としても活躍した。生涯の後半は、服装・風俗の文献、絵画、版画などの蒐集に努めた。

**註6**　前掲書

### 3・3　コラ『服飾とモードに関する一般書誌』

Colas, René. *Bibliographie générale du costume et de la mode.* Paris, Librairie René colas, 1933. 2v.

フランスを中心にヨーロッパ、東洋の服飾文化に関する文献を集めた選集目録。元来は、書籍商を対象に、書籍商でもあるコラ自身が蒐集した資料をもとに、書籍同業組合がまとめた一種の売立て目録である。

コスチュームやモードに関する出版物、歴史的衣装を描いた旅行記や風俗誌など図版中心の文献三一二一点を収録している。

特徴は、一点ごとの著作の解説が詳細であること。古典的な図版集、服飾版画では一枚一枚のタイトルや解説が細部にわたっている。モード誌の記述についても詳細である。定期刊行物の特性であるタイトル変遷、巻号、発行地など不安定な事項に幾つもの現物例を挙げており、ファッション・プレート、ファッション誌の調査には欠かせない。

配列は著者名（編著者名のないものは書名）のアルファベット順。第一巻：A～M、第二巻：N～Z。巻末には体系的分類索引（時代・国・主題）がある。

参考にした書誌には、『リッパーハイデ服装図書館蔵書目録』のほか、フランスの美術・文芸の書誌、Bartsch, Brunet. Vinet など二九点を挙げている。

### 3・4　モンロ『服飾索引』

Monro,Isabel and Cook,D.E. (ed.by). *Costume Index ; a subject index to plates and to illustrated text.* New York, H.W.Wilson, 1937. 338p.

稀覯本などの特殊な文献を除き、図版を中心とする普遍的な文献六一五タイトルを対象に、アメリカの公共図書館を中心とする三三館の総合目録である。

構成は、“Costume Index” と “List of Books Indexed” の二編から成る。

“Costume Index”の配列は主題のアルファベット順。主題の図版を掲載している文献の著者の略名と図版掲載ページが列挙してあり、内容索引的な形態をとっている。

“List of Books Indexed”は、略号化した著者名のもとに、フルネームと著作のリストがあり、各文献には所蔵館の略称が記載されている。

本書は、アメリカ図書館協会（ＡＬＡ）の図書館・美術館アート・レファレンス作業部会の協力のもとに製作された。作業部会では、「服飾」という分野の特有性から、多くの固有な問題が提示された。まず、服飾をテーマとするレファレンスでは、図が見たい、形を知りたいという質問が多い。そこで、この目録の収録資料は、図版を中心とする図書に絞ること、図の主題から探せる目録にすること、図書の所蔵館がわかることなどが検討された。

アメリカの図書館の現場では、便利であろうが、書誌の一般的な機能である特定文献の探索には、限界があるように思われる。

### 3・5　ヒラー『服飾に関する書誌』

Hiler, Hilaire and Meyer (comp. by). *Bibliography of costume : a dictionary catalog of about eight thousand books and periodicals.* New York, H.W.Wilson, 1939. 911p.

特徴は、①サブタイトルにもあるように、辞書体目録に編成されている。②完全な書誌的事項である主記入(Main entry)は、著者名のもとに記述。③著者不明の場合は、書名のもとに記述。④典拠にしたコラおよびリッパーハイデの書誌No.とLCのNo.が付与されている。

一九三九年の発刊は、上記三点の書誌よりも新しく、当然ながら、収録点数が多く、より網羅的に探索できる。一九三〇年初頭までに発刊された、ほぼあらゆる言語の服飾関係文献を収録している。

これまで、西洋服飾分野の主要な書誌四点を概観してきたが、四書誌の構成要素を一覧にまとめた（表1）。西洋服飾史分野の四書誌の比較を示す。

## (4)ヒラー『服飾に関する書誌』の特色と有用性

### 4・i　編纂者ヒラーと協力者

本書は文献目録を本体とする書誌であるが、目録の前段に、編纂者であるヒラーの論文があり、二本立てになっている。

ヒレア・ヒラー(Hilaire Hiler)はアメリカの前衛派アーティストで、画家・壁画家・デザイナー・文筆家として幅広い分

| 編著者名 | 言語 | 収録期間 | 収録点数 | 本体配列 | 索引 |
|---|---|---|---|---|---|
| Lipperheide<br>*初版 | 独語 | ～1905年まで | 5064 | 分類体系順 | 著者名索引,<br>主題索引 |
| Colas | 仏語 | ～1930年初頭まで | 3121 | 著者名順 | 著者・書名混配索引<br>体系的分類索引 |
| Monro | 英語 | ～1930年初頭まで | 942 | 主題順 | 著者（書名）索引 |
| Hiler | 英語 | ～1930年初頭まで | 8400 | 辞書体 | なし |

表1．4書誌の比較

野で活躍した。一八九八年ミネソタ州で生まれ、多彩でユニークな芸術活動を送り、一九六六年フランスで没す。一九二九年から一九三四年まではパリで、その後はアメリカに拠点を移して活動を展開する。潜在意識（心理学）を基点にした抽象的なデザイン論などの理論的な論文を発表する。舞台装置を手掛け、衣装、刺青、マスクに関心が深かった。

前段の論文は、『服飾と観念形態』（*Costume and Ideologies*）と題した哲学的試論を二八ページに詳述している。まず、「服飾 対 衣服」の項では、服飾と衣服の概念の違いを述べ、続いて「服飾の発展」「衣服と社会階級」「ファッション」「服飾と建築」など三一項目にわたっている。服飾についても造詣が深く、論文から目録編纂との関連性が窺える。

父親マイヤーも編纂者に名を連ね、序文を書いている。図書館の専門家ではないヒラーの背後には、標題紙（図1）に見られるように、編集に携わり、ヒラーに助言を与えた、アメリカ図書館界の識者が明記されており、多くの専門家の協力のもとで作成されたことがわかる。

### 4・2　辞書体目録の編成

ヒラーの書誌の特色は、辞書体編成の目録にある。

辞書体目録の配列、すなわち、タイトル、著者、編者、画家、彫刻家、件名（主題）などの書誌的事項を見出し語とし、全体をアルファベット順に配列してある。それ故、これらのどの書誌的事項からでも、一著作の書誌の概要が探索でき、最初に手掛ける書誌として有用である。電子検索でいえば、アクセスポイントが多いというメリットに当たる。

目録上では、一著作の書誌記述が三箇所以上に出現することになるが、書誌詳細情報は、最もよく知られた姓名の形にした著者名のもとに記述されている。

服飾の分野では、著者表示に該当する、テキスト解説者、画家（イラストレータ）など複数の人物が存在することが多い。古書展覧会の販売カタログなどでは、著者の役割表示が明確ではなく、同一文献の著者がカタログにより異なる場合もある。加えて、西洋人の人名表記は、我が国と異なり、姓名の特徴や言語習慣を理解していないと正しい表記がわからず、著者名配列の書誌からは、たどりつかない場合もある。

ヒラーの書誌では、テキスト解説者が確実でない場合でも、挿絵の素描家の名前からも目的の文献を示唆してくれる。

だが、配列において、二次配

図１．ヒラー『服飾に関する書誌』標題紙

列では、一次配列に挙げた件名の同位概念や下位概念の用語が混在しており、完全なアルファベット順ではない場合もある。

### 4・3　件名標目の見出し語

固有の件名標目表は付いていない。件名は、主題を表出している名辞が見出し語となり、書名中の単語が対象となっているようである。これらは、服飾 (costume) の専門分野で常用されている用語が多い。

例えば、軍事関係の文献を探すには、書名のなかに、軍服（Military costume)、海軍服（Naval costume)、甲冑・軍用品（Arms and Armor）などの用語が含まれていれば、探索語となる見出し語から関連文献を探し出せる。

また、一八世紀後期からの長い歴史をもつファッション誌について、創刊とその変遷を調べるのは司書泣かせの一つである。ヒラーの書誌ではファッション誌のリストは "Periodicals" の項にまとめられ、創刊年順に配列してある。なお、個別誌の探索は、誌名の初語の見出し語の項に記載され、創刊年月、発行期間、プレートの枚数と内容などの注記がある。

### 4・4　初期調査における文献探索効率

収録文献数の多い書誌では、一般的に、本体配列だけでは探索機能が万全ではないので、索引とセットで考えられる。例えば、〈著者名順＋事項索引〉〈分類順＋書名索引・著者名索引〉のように、索引は、特定文献の探索を容易にする機能として本体配列を補っている。こうした観点からみれば、辞書体編成では、両者が合体した目録とも考えられる。配列基準ではない書誌的事項から探すときは、本体と索引からの二度の探索が必要となるが、辞書体目録では一度で探索できる。

文献探索の第一段階では、まず早く目的の文献に到達することが要求される。他の三書誌で探すより、ヒラーの書誌は、その手掛かりを与えてくれる。

さらなる利点は、前項で挙げた「件名」が見出しに語に含まれているので、直接、言葉から主題・内容の探索が可能である。服装の種類、さまざまな服装の歴史や形について解説された文献を、他の三書誌から直接探すのは難しい。モンロの『服飾索引』は主題配列であるが、対象文献が図版に限定され、九四二点と収録数が少なく、初期調査の段階では探索範囲が限定的である。

### 4・5　構成と記述例：探索の実例

「古代の人々のさまざまな服装を描いた図版集に、どんな著作があるか」。この例題をヒラーの書誌を使って探索してみよう。

ヒラーの書誌の利点である「件名」の探索から試みる（図2）。

**Ancient times**—General works—*Continued*
linaire, du costume militaire, des armes offensives et défensives, et de la manière de combattre des Grecs homériques. 1840
Heuzey, L. A. Du principe de la draperie antique. 1893
Hope, Thomas. Costume of the ancients. 1841
Jacquemin, Raphael. Histoire générale du costume civil, religieux et militaire du IV. au XII. siècle: Occident (315-1100). 1879

図 2. ヒラー『服飾に関する書誌』p.28：件名からの探索

まず、探索事項のキーワードの一つ〈古代＝ancient times〉から探す。

Aの項二八ページに〈Ancient times〉の見出しがあり、最初の小項目見出し〈General works〉を見ていくと、タイトルからふさわしいと思われる著作が見つかった。

Jacquemin, Raphaël.
*Histoire générale du costume civil, religieux et militaire du IV. au XII. siècle: Occident* (*315-1100*). 1879.
ジャクマン著『四世紀から一二世紀（315-1100年）までの西洋の市民服・宗教服・武装の全般的な歴史』一八七九年刊

---

書名から判断すると、内容は四世紀から一二世紀までの古代のさまざまな服装が描かれていると推測され

る。

Aの項は「件名」からの探索なので、詳細書誌事項を確認するために、主記入のある「著者名」Jacquemin から探す（図3）。Jの項四七三ページに記述がある図3の記述から、本書には三種の版本がある。ジャクマンのこの著作は、図は簡潔ながら描写は実証的で、舞台衣装考証などに参考にされる名著の一つである。

一番目の記述は、一八七六年の再版であるが、初版の初巻のみで補遺版は刊行されていない。解説は初版のテキストと同じものが用いられている。

二番目は、「件名」から探索した一八七九年の版本である。「四世紀から一二世紀」までを彩色図版四八枚と解説四〇七ページで刊行しているが、一三世紀以降は未

**Jacquemin, Raphael**
Histoire générale du costume civil, religieux et militaire du IV. au XIX. siècle (315-1815) Tome premier. Paris, L'auteur [1876]
409p. Q.
No more published. Tho not so entitled this volume can be used as the text to accompany the author's *Iconographie*
Colas 1532

Histoire générale du costume civil, religieux et militaire du IV. au XII. siècle: Occident. (315-1100). Paris, Ch. Delagrave [1879]
407p. 48pl. (40 in color) Q.
Colas 1533. Lipperheide 357

Iconographie générale et méthodique du costume du IV. au XIX. siècle (315-1815) collection gravée à l'eau forte d'après des documents authentiques & inédits. Paris, L'auteur [1863-68]
2p. l. 200 col.pl. F.
Plates 1-6, Temps ancien; 7-57 Moyen âge; 58-183 Période moderne; 184-200 Orientaux
A supplement was issued (Paris, Nadaud ca1872. 80pl. numbered 201-280. F.)
Issued in 50 parts of 4 plates each. The text (Introduction, etc.) was apparently never published. The plates appeared also in the author's *Histoire générale du costume civil, religieux et militaire du* IV. *au* XIX. *siècle,* 315-1815 (Paris [1876])
The second edition (Paris, Nadaud

図3．ヒラー『服飾に関する書誌』
p.473：著者名からの探索

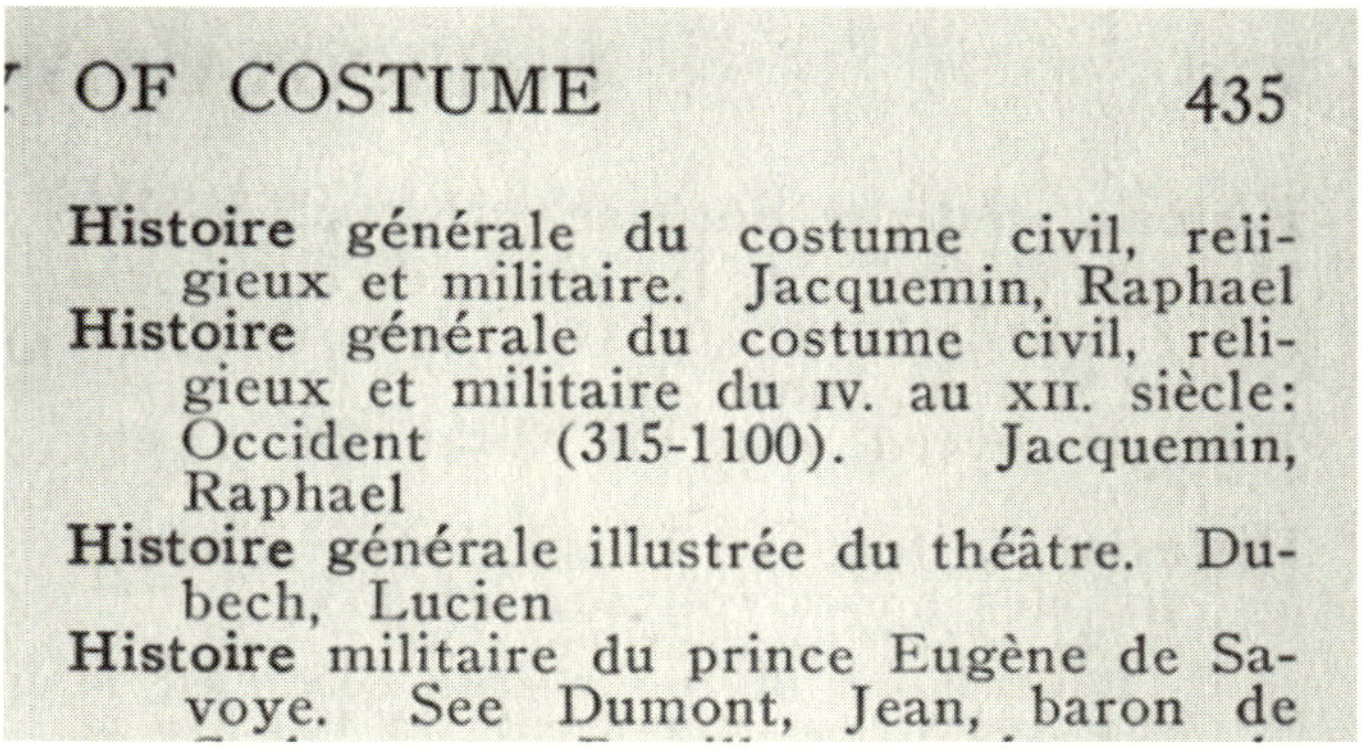
Y OF COSTUME 435

**Histoire** générale du costume civil, reli-
gieux et militaire. Jacquemin, Raphael
**Histoire** générale du costume civil, reli-
gieux et militaire du IV. au XII. siècle:
Occident (315-1100). Jacquemin,
Raphael
**Histoire** générale illustrée du théâtre. Du-
bech, Lucien
**Histoire** militaire du prince Eugène de Sa-
voye. See Dumont, Jean, baron de

図４．ヒラー『服飾に関する書誌』p.435：書名からの探索

刊のままである。探索事項の「古代のさまざまな服装」の図版四八枚の内容は、コンスタンチン、ローマ、ビザンチン時代の市民服・宗教服や軍服などの衣装を身につけた人々が、プレート一枚に人物一人の全身像が描かれている。

三番目が初版である。初版は推定一八六三－一八六八年に発刊され、タイトルは再版と異なる。

*Iconographie générale et méthodique du costume du IV. au XII. siècle (315–1815) collection gravée à l'eau forte d'après des documents authentiques & inédits.* Paris, L'auteur, [1863–68]

---

『四世紀から一九世紀（315–1815）までの服装の全般的体系的画像図鑑』が、本書のオリジナルタイトルである。彩色図版は、古代、中世、近代、東洋の

二〇〇枚で構成。古代から近代までと、東洋という当時は未知の国までを含む、世界のほぼ全地域を収録してある。

「書名」からの探索（図4）では、Histoire ……H の項四三五ページに記述がある。

上例のように、一文献が件名、著者名、書名の項目に重出されており、複数の項目から探索が可能である。書誌的事項が何を示しているのか判明しにくい初心者においても探索が容易にできよう。

## おわりに

データベースの進出により、冊子体の書誌は利用・作成とも後退のように見受けられる。だが、主題分野や収録年代により、冊子体の書誌は必要であり、電子検索にはない利点も多い。ともすれば、カウンターの置物になりがちな身近な書誌を今一度見直し、その特徴や利用法を研鑽して、レファレンスサービスや調査・研究に活用したい。

書誌は、作成する目的によって、文献の配列、書誌的事項の記述、索引などの構成が編者により勘案されている。裏返せば、書誌を用いるときは、その書誌的構成の理解なくしては、十分な活用はできない。書誌の利用法と作成とは、表裏一体である。実際に作成することにより、書誌の構成や書誌的事項の記述が理解できよう。

本稿では、西洋服飾分野の書誌について述べたが、書誌の構成とその特徴を生かした利用法は、分野を問わず、書誌全般に共通する論理であろう。

VI章

# 専門用語と解題

## 1　版画に関すること

服飾史の文献には、解説を中心にした文献史と、おもに衣装図やモードを集めた服飾図集とがある。図集には、まれに原画（肉筆画）や原画集にお目にかかるときがあるが、それは僥倖で、一般には版画であることが多い。写真術がまだ発明されていない時代は、モード画は版画で複製され拡散していったが、その技法は時代により多様であった。

流行のモードや衣装図を集めた図版集を解題するには、図が描かれた版画の技法を調査する必要がある。

### 版画の作成者

版画の作成は、素描家、刻版者、摺り師、彩色者、仕上げ者など複数人の共同制作によりできあがる。まず、原画者（素描家）が絵を描き、その絵をもとに彫り師が彫り、摺り師によって摺られ、彩色され、時には仕上げ者が全体を調整することもある。

現物の版画には原画者のイニシャルのみが図版に印されている場合が多いが、解題には、ビブリオグラフィなどを参照して、ほかに原画者がいれば、イニシャルの代表者のほかの著者に関する事項を調べて記すことが望ましい。

### 版画の技法を見分ける

版画の技法を見分ける必要がある。

版画の歴史を略述すると、西洋では一四世紀から一六世紀末までは木版画が多かった。それに平行して一五世紀半ばからドイツを中心に銅版画がおこり、複雑な技法を発展させながら一九世紀末期まで続いたが、一七世紀後半から約一世紀期間が銅版画の最盛期であった。

銅版画は繊細な描写によって、さまざまな光のニュアンスを与え、見ごたえのある充実した魅力を与えることができる。

銅版画の技法には、

**①エングレービング（線刻版、line-engraving, gravure au burin）**

鋭い彫版刀（graver）を銅板の表面に当てて押し出しながら鋤《すき》のように先方へと削り取って

いく方法で、ビュラン版とも線彫りともいう。一五世紀半ばに始まったもっとも初期的な手法である。

**②ドライポイント（dry-point, point sèche）**

硬い鋼鉄筆（needle）で銅板の表面を描きながら溝を作るもっとも簡単な方法で、線刻版では削り取られてしまう溝の両面に盛り上がったギザギザの削りかす（ささくれ：burr）も、ドライポイントでは刷り線に微妙な変化を出すため残されるのが特徴で、エッチングや他の手法と併用されることが多い。

**③エッチング（etching）**

版面に樹脂または蝋質とアスファルトを混ぜたもので皮膜を作り、その上から鋼鉄筆で線描きして皮膜を除いたのち、硝酸または塩化第二鉄の溶液に浸すと、線の部分だけが侵食される。このようにエッチングとは、防蝕皮膜を利用した腐蝕銅版であるが、浸す時間や溶液の濃度などで侵蝕度を加減したり、いったん侵蝕した部分をワニスで防蝕したりして、版面に微妙な変化をつくりだすことができる。エッチングの技法[注1]は一六世紀はじめに登場したが、盛期を迎えるのは一七世紀に入ってからである。

**④メゾティント版（mezzotint）**

版面全体を直接、ロッカー（rocker）というギザギザの鑿《のみ》で砂目にしたのち、明るく表現したいところだけを調子に応じてスクレイパー（scraper）やパニッシャー（burnisher）でつぶしたり、研磨機で磨いたりして滑らかにし、刷りに明暗の調子を出す方法である。一七世紀前半に発明され、一八世紀のイギリスを中心に複製版画などに盛んに用いられた。

### ⑤アクアティント版（aquatint）

腐蝕銅版の一種で、点刻版の鋼鉄筆やルーレットなどの道具に替えて、被膜剤に砂糖を混ぜたり（sugar aquatint）、硫黄の粉末で処理したりしてかるく浸食させ、あるいは被膜にサンドペーパーを押し付けたりすることによって、浸食による砂目の明暗の調子を版面に作り出す技法である。水彩に似た透明な効果を出すので、この名があり、一八世紀半ばのフランスで発見され、同末期から普及するようになった。

これまで挙げたように複数の方法がある。

銅版画は一八世紀半ばまで発展を遂げたが、末期以降になると、近代的な製版術である平版の石版術[注2]が発明された。

版画の技法を調査するには、かなり専門的知識が必要であるが、司書がわかる範囲で解説してよいだろう。ビブリオグラフィや美術事典などを参考にするのもよい。

## 彩色方法を特定する

彩色方法は何か、手彩色（水彩画）、ポショワール、その他の技法かを調べる。

手彩色はいうまでもないが、人の手により彩色されたもの。手彩色で面白い現象は、同一モード誌を二冊所蔵している場合、どこか同一ページのモード画を比べると、スタイル（形）は同じでも彩色に違いを発見することがある。微妙だが、色は同じでも、例えば、ピンク色がきれいな色で上手に塗られたものと、色がくすんで、服からはみ出しているものとがある。彩色の専門家か上手な人が彩色した画と、下手な人が彩色したのがわかる。下手なのは、アルバイトが塗ったのかもしれない。手彩色は、手間と時間を要するので高額であった。

ポショワールとは亜鉛や銅板を切り抜いた型を用いてスプレーで彩色する西洋版画の一種で、作家の原画から複製品を作る技術がなかった二〇世紀初頭に多く用いられた。フランス人の版画職人によって考案された。一九〇八年に出版されたポール・ポワレ（Paul Poiret）、ジョルジュ・バルビエ（Georges Barbier）など一流のイラストレーターがファッション誌やファッション・プレートを賑わし、一九二五年頃最頂点に達した。ポショワールは、その鮮やかな色彩が特徴で、アール・デコ様式[注3]を代表する版画様式となり、その発展に貢献した。しかし、高度な技術や高いコスト、写真製版の発展により第二次世界大戦後、姿を消した。

版画に関することを述べてきたが、非常に専門的で司書の範囲を超えていることが多い。しかし、専門資料を扱う図書館では、お互いに勉強しなければならないと思う。

私たちの図書館は、幸いにも館長が美術系の教授であったので、教えていただきながら一緒に調査した。閲覧室の大きな机に、実物の版画を広げて、ルーペを用い、線のタッチや色彩の色合いを調べた。

**注1**
エッチングの技法については、アブラーム・ボス（Abraham Bosse, 1602-76）が銅版画の技法書を著している。タイトルは『硝酸、硬蝋、及び軟蝋を用いた凹版画の制作法』Bosse, Abraham: *Traité des manieres de graer en taille-douce sur l'airain, par le moyen des eaux tortes & des vernis ders & mols.* 2ed ed. Paris, Pierre Emery, 1701. 70p.16plates (copper mono). 19×20cm
エッチング制作の過程が詳細に解説されている。文化女子大には二版を所蔵しているが初版は一六四五年に出された。一七〇二年にはボスと親交のあったイギリスの版画家ウィリアム・フェイーソンによる英語版が出ている。
七〇ページの小著に一六枚の挿絵があり、図はエショップ（échoppe）と呼ばれるエッチング用の針の使用法を図解している。

**注2**
よく磨いた石版面に脂肪性のチョークで描いたり塗ったりしてから石版面を水でぬらし、版面に脂肪質のインクをローラーでかけると、描いた部分だけにインクがつく。この方法は描くことと刷ることをほぼ一元化させたといえる。

**注3**
アール・デコ様式は、アール・ヌーボー様式と対照させて用いられることが多い。
一九二〇年代から三〇年代前半にかけてフランスを中心にヨーロッパで流行した工芸、グラフィック・デザイン、ファッションなどのデザイン思潮。機械文明を肯定し、幾何学的な形態と機械美を強調した。植物パターンのおだやかな自由曲線のモチーフで構成されたアール・

ヌーボー様式に対して、アール・デコ様式は、定規で引いたような直線（一点から発する放射線）、コンパスで画いたような円や円弧、それらの連続模様である波模様、イナズマ模様、流線型モチーフ、といったいずれも幾何学模様に特徴がある。

## 2　ファッション・プレートとは

ファッション・プレートとは、Ⅳ章の1「用語の違いに着目する」の項でも述べたが、服飾版画のことで、厳密にいえば、「服飾版画」の一種である。「服飾版画」は、衣装やモードの伝達媒体として一枚ごとに刷られた古い版画の総称をいうが、「服飾版画」のなかでも、これから流行するであろう、あるいは、ある衣装を流行させるために、版画で刷ったモード画をファッション・プレートと呼んでいる。

ファッション・プレートは、手彩色された版画で、一八世紀後半から一九世紀に、まず銅版画で発展し、二〇世紀には、ポショワールなどの美しい彩色技法も発明されて最盛期を迎え、一九二五～六年まで続いた。

### 雑誌の誕生

一八世紀末頃までは、ファッション・プレートのみを定期的に頒布して流行情報を顧客に報知していたが、一七七〇年代になると、ロンドンで、最初のファッション雑誌『ザ・レディズ・マガジン』（*The lady's magazine*, 1770-1832）[注4]が誕生し、最新流行の衣装を同時期に知らせるファッション・プレートがバインドされていた。フランスでは、『ギャルリー・デ・モード』(*Gallerie de modes*, 1778-87)』、『キャビネ・デ・モード』(*Cabinet des modes*, 1785-89）など多くのファッション誌が刊行された。

初期の雑誌は、ライフスタイルと呼ぶような日常生活をテーマにした婦人雑誌のようであったが、そのなかに最新のモード情報の記事が掲載されていた。『キャビネ・デ・モード』は、フランス革命の直前にパリの出版社から予約刊行された。八つ折り判で年間二四分冊、それぞれ三～四枚からなる華麗に手彩色されたファッション・プレートが挿入されており、衣装デザインの説明も記述されていた。おしゃれなフランスの貴婦人たちは、競って最新流行のファッションを求め、ファッション誌はモードの伝播を助長し、華やかな流行現象を生んだ。だが皮肉にもフランス革命が勃発し、モードも革命的な転換を遂げる。ファッション・プレートには、№（ナンバー）入りの限定版もあり、二〇世紀後半になると、稀少価値のためか、雑誌から抜き取られ、単独にプレートだけで、高額で販売されている。

現在、海外で販売されているファッション雑誌は、このプレートを抜き取られたものが多い。なお補足であるが、ファッション・プレートに類似するものに、日本では「浮世絵」が挙げられる。両者とも発生期・終焉期が一七世紀中期から一九世紀末期、日本では江戸初期から明治末期に当たる。原画者、彫師、刷り師が共同生産する。題材は、ファッション・プレートは流行の衣装を身につけた婦人の衣装画であり、浮世絵は美人画、役者絵などで共通点が多い。一枚絵の肉筆画と違い、版画により複数生産され、情報性の高い両者は庶民生活に溶け込み、文化の発展に一翼を担った。

服飾関係の文献は一六世紀後半ごろから刊行されるようになるが、出版形態から見ると単行書であり、雑誌形態の出版物が刊行されるのは一世紀のちの一六七〇年代で、一六七二年『メルキュール・ガラン』(Mercure Galant)[注5]が最初といわれている。『メルキュール・ガラン』誌は宮廷雑誌ともいうべきもので、上流社会や宮廷のニュースをおもな内容とし、服飾雑誌とは言い難い。だが、一六七八年の一月号に「冬の衣装」と題し、宮廷に出入りする貴族の銅版画モノクロ図版が挿入されていることから、ファッション・プレートが最初に挿入されたといわれている。

## ファッション誌とは

では、ここで〈ファッション誌〉とはどういうものであろうか。その定義づけをしておこう。印刷術や服飾文化が今日ほど発達していない一八世紀では、現代のファッション誌とは多少性格が異なる。まず第一にファッション・プレートが挿入されていることであり、第二に服飾の主題のもとに一つのタイトルで継続的に刊行されるという発行形態をとっている。この条件を備えたのが、先に挙げた『ザ・レディズ・マガジン』である。『ザ・レディズ・マガジン』も当時のこの種の雑誌と同様に、小説、詩、演劇、音楽、王室情報、投書、結婚、訃報などの告知などを内容とする一種の婦人総合雑誌で、発刊当初から月一枚程度のファッション・プレートが挿入されていることから、ファッション誌の創始といわれている。発刊当初は、図版は単色図版であったが、人々はたいていそれに自分で彩色をほどこした。一八〇〇年代に入り、目次に「パリのファッション」「ロンドンのファッション」という見出しが継続的に掲載されると、流行情報とともに美麗な彩色図版が挿入されるようになった。また、この頃になると、創刊号から見られる楽譜や図案などの折込ページは少なくなり、新シリーズとなる一八二〇年頃になると、まったく姿を消した。本誌は一七七〇年から一八三二年まで続刊されたが、その間、サブタイトル、シリーズ形式などをたびたび変えている。

注4　*The lady's magazine*, 1770–1832. London, Printed for R. & Robert. 22×14cm

注5　『メルキュール・ガラン』は、国王ルイ一四世時代のフランスにおいて一六七二年に創刊され

GALLERIE
DES MODES ET COSTUMES FRANÇAIS
DESSINÉS D'APRÈS NATURE,
OUVRAGE
en l'année 1778.
PARIS.

図 1. 扉絵

一七一〇年まで続いた定期刊行物である。当時の出版物は国王の統制化にあり、『メルキュール・ガラン』は、情報と話題や戦況などを掲載する雑誌として特別な国王許可を得て発行されていた。ルイ一四世時代の情報が書き込まれた貴重な歴史記録でもある。記事の概略をあげると、ニメーグ（ナイメーヘン）の講和会議によってイープルなどの年を獲得した国王の勝利を称える文章から始まり、アカデミーの結婚報告と婚礼、オペラ歌詞の紹介などである。ルイ一四世時代のフランスの国策と王侯貴族の職務や職責にも触れた国王公認の広報誌であったともいえよう。

## 3　図版集の解題

服飾版画は、衣装やモードを広める伝達媒体として印刷された版画である。服飾版画の源流は風俗版画にある。風俗版画は美術版画の系列におかれ、版画としての芸術性にあり、鑑賞を主たる目的としている。それに対し、服飾版画は、版画は手段にすぎず、衣装やモードの情報性にあり、直接の服飾史料として、デート（年月）が重要性をもっている。つまり、描かれている衣装が、何時流行したファッションなのか、そして、そのスタイルはどのような形で、特徴は何かを知らせることが目的なのである。

図 2.  刊行初期の髪型図 1778 年

### 『ギャルリー・デ・モード ― 一七七八年から一七八七年までの写生によるフランス・モードと服装の図集』

*Galerie des modes et costumes francais dessines d'apres nature 1778-1787*, Rempression accompagnee d'une preface par M. Paul cornu, 4v. Paris, E. levy, [1912].

Ⅲ章の３「資料の渉猟と整理の方法」の「本文記述スタイルの事例」において、『装いのアーカイブズ』の第一章「君主および皇帝・皇后の服装」の最初の題目である「マリー・アントワネットの宮廷衣装」で紹介したが、服飾図版集のこの項で再登場する。繰り返しになるが、ご容赦願いたい。

それは何といっても、この『ギャルリー・デ・モード』が図版集として優れているからである。服飾図版集の最高傑作集であり、さらに、これまでの衣装・風俗の記録版画から新しい流行を知らせるファッション・プレートへと意味の転換をなした、というところにある。モード誌の先駆となったルイ一六世時代のフランス・モードの傑作集で、「フランス・モードを飾るもっとも華麗な絵巻」と名を残している。

銅版画に手彩色が施されたこのシリーズは、一八世紀で最も美しいファッション版画のコレクションといわれ、また、これまでの衣装・風俗の記録版画から新しい流行を知らせるファッション・プレートへと意味の転換を遂げた先駆的存在でもあった。最初のモード誌『ザ・レディ

図 3. デレ原画「宮廷の盛装」1778 年

ズ・マガジン』に続いて本書が刊行され始めた。

毎回六枚の版画が不定期に刊行されたこの画集も、当初は一ページに四点の髪型の版画（図2）が掲載されていたが、これは第六回の三六枚で終り、七回からは「大衆の趣味に従って」という添え書きのついた流行衣装を着た全身像の版画に変わった。

この版画集は一七八七年をもって廃刊となるが、その間、推定で四五〇枚刊行されたといわれているが、何枚で完揃なのかは明らかでない。

衣装はロココ調の優雅な情緒をあらわしている。「ローブ・ア・ラ・フランセーズ」と呼び、胴部前面の三角形の胸当て、上半身がぴったりとして、スカートの広さが強調されている（図3）。

図版を手掛けた著名な作家に、ヴァトー（Fraqois L. J. Watteau）、デレ（Claude Louis Desrais）、ルクレール（Pierre Thomas Lecléré）がいて、ル・ボー夫人の手彩色は、プレートの価値を高めている。

図集に用いられた彩色版は厚く白いオランダ紙に、単色版は薄くやや青みがかったフランス紙に刷られている。

服飾図版集にはさまざまな形式・形態のものがある。図版集の整理は司書泣かせのものが多い。新刊はともかく、古書になるとベテラン司書が時間をかけて整理にあたる。その解題はさらに頭を悩ます。

古書店から購入する古い服飾図版集は、その出所が鍵を握っていることが多い。服飾図版集を見計らいで持って来る業者もおよそ決まっており、ある程度の情報を持って図書館に来る。こちらの購入様式も分かっているので、売立て目録で説明をしてくれる。

私たち司書は図版集を手元に置き、華麗なモード集と戦わなければならない。という表現は、ふさわしくないかもしれないが、こんな素敵な絵を目の前にして、「これはエッチング？」「違うわよ！　いろんな手法が使われているんじゃぁない？」など書誌を広げて言い合う。「でも手彩色だから、よくわからないわ」など、華麗なモード画を味わうどころではない。

いろいろなケースを想定して服飾版画集の図版記述の要点をあげておく。欧文・邦文の図版集とも、ほぼ同様である。

(1)あるタイトルのもとに、収録図版のすべてに解説が付されている図版集

「まえがき」などを読み、タイトルの主題や出版の意図を掴む。図版一枚ごとの解説を概訳するが、主題との関係性に注意を払う。

(2)「まえがき」に図版集の解説がまとめられているが、個々の図版には解説がない図版集

(1)と同様に「まえがき」をよく読み、各図版は描かれている衣装を「まえがき」に書かれている主題との関係に結びつけて解説する。

(3)章の形をとり、各章の内容が分類されて解説があり、各図版には説明がない図版集
図版集の主題と構成を見極める。まず各章の内容や特徴を理解する。章ごとに各図版の特徴を見つけながら解説する。

(4)「まえがき」や各図版とも全く説明がなく、図版のみがバインドされた図版集

①出版時には、「まえがき」が付いていたが、何かの理由で欠落している場合などがある。目録や書誌などで、「まえがき」の有無を確認し、完全版から解説する。ただし、「まえがき」が入手できない場合、不明な場合は②に準ずる

②初版から「まえがき」がない（と推定される）場合

欧文の服飾図版集では、ときどき遭遇する。古書店から購入した古書などは、個人の蔵書が売り物に出された場合などは往々にしてある。所有者の趣味により収集してバインドされたもの。美しく装丁されて非常に凝っているものがある。

この場合は、まず図版一枚一枚を調査する。著名なイラストレーターたちの図版集かもしれない。その場合は、作者別、制作年代、主題別など全体の量（枚数）を考慮して分類する。

③図版の内容説明が少ない（全く無し）場合は、本の形態（大きさ、ページ数）や装丁などから特徴を掴んで解説するのも面白い。

形式に相違はあるにしても、いずれの図版集も、テキストを中心とした一般的な本と違い、その書誌記述は、図版の状態を示す記述に重点がおかれる。現代の本の図版は写真が多いが、

二〇世紀以前の本であれば、版画による技法のものが多い。図版集のさまざまな状態を例に、細かく注目点を記述してきたが、調査している服飾図版集により、適宜、取捨選択をして、モードの美しさやその謎をまとめあげる。そこが著者の実力の見せどころである。

注　図の出典

図1　『文化女子大学図書館所蔵欧文貴重書 解題・目録』 二〇〇〇、五〇ページ

図2　『モードと諷刺― 時代を照らす衣服― ルネサンスから現代まで』 栃木県立美術館・一九九五、一六六・二五ページ（口絵）　一九九五年八月一三日～九月二四日　栃木県立美術館主催展覧会

図3　図2と同

## 4　ファッション・プレートから写真版へ

ここまで長々と服飾版画、ファッション・プレートについて著述してきた。「パンドラ」から始まり、ファッション・プレートという美麗なモード画について語ってきたが、一九世紀末にファッション雑誌が誕生する。二〇世紀に入ってからのモード誌のプレートは版画のファッ

ション・プレートに替わり網目写真版に置き換わっていく。

　ファッション雑誌の代表として、最後に『ヴォーグ』（*Vogue*）を挙げる。

### 『ヴォーグ』（*Vogue*）

『ヴォーグ』には、アメリカ版、イギリス版、イタリア版、スペイン版、子供版、男子版など世界中で何種類も出版されている。一九九九年には日本版も発刊された。

　本誌は、まずアメリカで誕生した。はじめはアーサー・ボールドウィン・ターニュアー（Arthur Boldwin Turnure）等によりニューヨークで社交界情報誌として創刊された。週刊で、定価は一〇セント、年間購読料四ドルだった。

　当初の体裁は、縦三二センチ、横二三センチ、二つ折の中央を二か所金属針で綴じた表紙を含め四〇ページに満たない薄く簡素なもので、紙面は表紙を含めモノクロームだった。表紙がカラー印刷になるのは一九一〇年代になる。

　雑誌の内容は、当時のファッション誌と同様に服飾関連記事、話題の出来事、小説や詩などの読み物が中心だった。しかし、「ソサエティ」（Society）欄には、格調の高い論説、社交界の冠婚葬祭から社交イベントまでを告知する階級志向の強い雑誌としての性格が明確に現れている。

　創刊者ターニュアーの死後、一九〇九年に『ヴォーグ』はコンデ・ナスト（Condé Nast）

に買収された。ナストは、ファッション誌としての性格の明確化とビジュアル化、そして広告の強化を実施した。表紙はすべて色刷りとし、ジョルジュ・ルパップ（Georges Lepape）、ベニート（Benito）ら気鋭のイラストレーターを表紙のデザインに採用してインパクトを高めていく。一九〇八年には「ファッション写真」が登場するが、以後しだいに増加し、初期の写真家、アドルフ・ド・メイヤー（Adolph de Meyer）やエドワード・スタイケン（Edward Steichen）らの初期ファッション写真家が活躍して、ファッション写真の分野が確立していった。そしてファッション分野の写真のみならず、ファッション誌のデザイン全体の向上に貢献した。

こうしてビジュアルなファッション誌へと変貌した『ヴォーグ』は部数も大きく伸ばし、ファッション誌を代表する地位を確たるものにした。

一九五〇年代までは、ハイソサエティのための高級ファッション誌であったが、六〇年以降は、パリ・オートクチュールの芸術性を高め、写真表現による先鋭的なファッション誌へと変貌する。しかし、メジャー誌でもあった「ヴォーグ」は大衆読者の嗜好の変化に対応せざるを得なかった。七〇年代に入ると経済的低迷や働く女性の増加に対応して生活感のある路線へとシフトした。八〇年代後半以降は経済的好況により、再びファッション指向の強いファッション誌へと路線変更した。

フランス版『ヴォーグ』は、一九二〇年六月に創刊される。第一次世界大戦前のイギリスやフランスではアメリカ発の『ヴォーグ』がヨーロッパ在住のアメリカ女性などを主要読者層にある程度売れていたらしい。開戦によってフランスなどヨーロッパのファッション誌が十分出回らなくなると、その影響によって『ヴォーグ』のヨーロッパにおける売り上げは大きく伸びる。こうしてヨーロッパにおける『ヴォーグ』の繁栄は一九一六年まで続いた。しかし輸送船攻撃が激化すると、生活必需品以外の輸送は厳しく制限されるようになる。その結果、イギリス版『ヴォーグ』が一九一六年に創刊されることになった。またフランス版が一九二〇年に創刊される。

イギリス版もフランス版も雑誌の構成は、ファッション情報を含め編集記事の大半は、本体のアメリカ版と共有し、上流女性のポートレートや舞台の情報などと広告をローカル編集とするものだった。だが、編集にパリのアート界に影響をもつ新進アーティストが加わり、表紙デザイナーとして活躍することになったことは、フランス版のビジュアル表現など芸術的側面の充実に多大な貢献をした。また、発行部数もアメリカ版に比べ少ない高級誌であったため、営業実績に左右されない編集の自由さがアメリカ版に比べてあったらしい。

九〇年以降、クリエイティブディレクターに、日本人のイッセイ・ミヤケなど著名なアーティストを得て、大きく紙面を刷新した。『ヴォーグ』は、特におしゃれなフランス版は常に美しい。もはや『ヴォーグ』は、おしゃれなフランス版に代表されるくらいである。

一〇〇年余にわたり今日までつながる本誌は、二〇世紀ファッションの形成とファッション情報の変容を検証するきわめて重要な資料となっている。

# Ⅶ章

# 研究の作法

①著作物（論文）を書くという作業に必要な能力は、ほぼ四つの局面に分かれるでしょう。すなわち、アイディア、構想力、忍耐・持続力、表現力の四つの能力です。

作成作業の四段階においては、まず、アイディアから浮かんだ、まだかたちに固まっていない頭脳にひっかかる「あるもの」を形あるものに形成していくことです。そして、それがどんなもの（事象）か、具体的に考えて調査を試みることです。次に著作物や論文にできるように組み立ててみることです。そして最後に文章として読者に伝わるように〈言葉〉を探索することです。『類語辞典』などを手元に置いて、言葉を選ぶことも参考になります。

どの能力も必要ですが、すべての能力を持ち合わせている人は、そう多くないと思います。作業段階のどこかで、自分の最大の能力を発揮するのも一つの方策です。

②テーマの選定。どんなに良いと思われるテーマでも自分が興味をもてる分野でなければ長

く続きません。日頃、頭に思い描いているアイディア、問題意識など、興味がもてるテーマであれば調査や研究に励めます。

③テーマや研究課題がほぼ決まったら、その研究が設定したレベルまでいくのか、実現の可能性を見極めてほしいです。実現の可能性が低いと思われる研究は、途中で行き詰まることが多いようです。

④先行文献を必ず読む。さらに関連のある分野の著者の著書・随筆などを多く読むとよいでしょう。

⑤興味をもって調査をしているうちに、横道に入って行くことがあります。それも見捨てるのではなく、もう少し別の角度から見ると、横道に入った事象の方が自分に向いた研究であることがあります。どんな小さな事でもメモをして調査の記録は残しておきましょう。

⑥正確で読みやすい文章を書く。読みやすい文章を書くということには、いろいろな条件が含まれています。センテンスはあまり長くないほうが理解しやすいです。

魅力ある文章は表現力の豊かさが求められますが、無理して学術的用語や美辞麗句を並べることではなく、調査や研究で、つちかってきた成果を素直に著述することでしょう。

## あとがき　若いかたたちへ

私は初の単行書『装いのアーカイブズ』を刊行してから、もう八年近くにもなりますが、昨日のように思えます。出版に至るまでには、さまざまな小さな出来事が積み重なり、その小さな出来事が偶然にも絡み合い誕生したのだと思います。『館報池田文庫』での資料紹介の執筆が『装いのアーカイブズ』の誕生に繋がるとは思いもよりませんでした。

池田文庫との当初の手紙類は、廃棄したものが多く記憶をたどるしかありません。書類やメモの古いファイルをかたっぱしから捜し、やっと見出したのが、二通のお便りでした。

一通は国立民族学博物館の大丸弘先生からのもので、このお手紙が筆者の執筆の糸口になったように思います。

もう一通は池田文庫の館長であった故松平進先生のおはがきで、お二人の先生のお勧めにより研究発表や執筆の機会が広がったようです。

私は、「文献解題」や「書誌づくり」を長年続けてきました。解題を書くことは、なまやさしいことではありません。一件の文献の解題を書くにしても、いろいろな分野の本を読み、調査を重ねて見出した資料が次の新しい資料を示唆してくれる。その繰り返しですが、実際は、ほとんど解題の本文に直接利用できるような資料は少ないです。

参考文献に挙げた何倍もの資料を読み、解題する文献の内容の背景などを読者にわかり易く解説するように努めています。

往々にして書いている自分は分かっているのですが、初めてその文章を読んだ読者には、なかなか理解できないことがあるようです。ですから、筆者が扱う専門的で特殊な分野は、初めて読む方を意識して丁寧に執筆するように心掛けています。そうでないと、一人よがりの文章になってしまいがちです。

本書は、図書館員や学芸員などの皆さまに、自分の潜在的な能力を生かして、新しい発想で解題や書誌を作る手助けになればと思い、拙い経験を書きました。

皆さまがいつも背にしている書架にぎっしり詰まった文献を注意深く読んだことがありますか。新刊書棚に飾られ、すぐ所定の位置に配架され、眠っている文献も多いのではないでしょうか。

文献解題では、関係資料の調査にもっとも時間を要します。どんな本を読めばよいのか。調査に始まり最後まで調査は続きます。数々の難題や些事に出くわしますが、一つ一つの出来ごとを決して無為にしてはならないのです。宝物が潜んでいるかもしれないからです。

一つのことを成し遂げるには忍耐と持続力が要求されます。問題意識をもち、効果的な調査・研究に励めば、おのずから良い方向に向かうでしょう。チャンスは、つかむものです。

二〇一五年一〇月

平井　紀子

## 典拠文献・参考文献（各章や節の注にあげた文献は除く）


・平井紀子『装いのアーカイブズ』日外アソシエーツ（日外選書）二〇〇八
・石山彰編・解説『西洋服飾版画』 文化出版局 一九七四
・小勝禮子（企画・構成）『モードと風刺 時代を照らす衣装―ルネサンスから現代まで』栃木県立美術館（展覧会解説書） 一九九五
・服部照子『ヨーロッパの生活美術と服飾文化1・2』源流社 一九八六‐一九七八
・菅原珠子『絵画・文芸にみるヨーロッパ服飾史』朝倉書店 一九八五
・青木英夫・飯塚信雄『西洋服装文化史 全二巻』松沢書店 一九五七‐一九五八
・北山晴一『おしゃれの社会史』朝日新聞社 一九九一
・井上幸治編『世界各国史2 フランス』山川出版社 一九六八
・マルセル・ラヴィル著、小林善彦・山路昭共訳『パリの歴史』白水社（クセジュ文庫）一九八七
・本城靖久『十八世紀パリの明暗』新潮社（新潮社選書） 一九八二
・今井登志喜『都市の発達史』誠文堂新光社 一九八〇

・『世界の民族3　ヨーロッパ』平凡社　一九九一
・日本索引家協会編『書誌作成マニュアル』日外アソシエーツ　一九八〇
・堀込静香『書誌と索引』（図書館員選書）日本図書館協会　一九九六
・『文化女子大学図書館所蔵 西洋服飾関係欧文文献解題・目録』一九八〇
・『文化女子大学図館所蔵 欧文貴重書目録』二〇〇〇
・『文化女子大学図書館所蔵 服飾関連雑誌 解題・目録』二〇〇五

【ら】



【り】



【る】



【れ】



【ろ】



【わ】



【A】



【B】



【C】



【D】



【F】

【と】



【に】



【の】



【は】



【ひ】



【ふ】

## 【か】



## 【き】



## 【く】



## 【け】



## 【こ】



## 【さ】



## 【し】

# 索引

著者紹介

**平井 紀子**（ひらい・のりこ）

1940年東京生まれ。1960年文化女子大学図書館勤務、司書長。2000年退職。(財)ファッション産業人材育成機構資料室。聖徳大学、亜細亜大学図書館司書講習講師。2004年都留文科大学司書課程非常勤講師。アート・ドキュメンテーション学会会員。

【主要著書・論文など】『装いのアーカイブズ』（日外アソシエーツ）図書館サポートフォーラム賞受賞、『平井紀子書誌選集 —服飾と書誌—』（金沢文圃閣）、『書誌年鑑』1983〜1996年分担編集（日外アソシエーツ）、「ファッションに関する主題分野の考察」、「日本のファッション誌：発祥と変遷」、「ヒラー『服飾に関する書誌』の書誌的構成とその効用」ほか論文多数。



<図書館サポートフォーラムシリーズ>

**図書館員のための解題づくりと書誌入門**

2016年1月25日　第1刷発行

著　者／平井紀子
発行者／大高利夫
発行所／日外アソシエーツ株式会社
〒143-8550 東京都大田区大森北 1-23-8 第3下川ビル
電話 (03)3763-5241(代表) FAX(03)3764-0845
URL http://www.nichigai.co.jp/
発売元／株式会社紀伊國屋書店
〒163-8636 東京都新宿区新宿 3-17-7
電話 (03)3354-0131(代表)
ホールセール部(営業) 電話 (03)6910-0519

写真提供／Shutterstock
組版処理／日外アソシエーツ株式会社
印刷・製本／株式会社平河工業社



《中性紙北越淡クリームラフ書籍使用》


*ISBN978-4-8169-2584-9*　*Printed in Japan,2016*

## 図書館サポートフォーラムシリーズの刊行にあたって

図書館サポートフォーラムは、図書館に関わる仕事に従事し、今は「卒業」された人達が、現役の図書館人、あるいは、図書館そのものを応援する目的で、1996 年に設立されました。このフォーラムを支える精神は、本年で 16 回を数えた「図書館サポートフォーラム賞」のコンセプトによく現れていると思います。それは、「社会に積極的に働きかける」「国際的視野に立つ」「ユニークさを持つ」の三点です。これらについては、このフォーラムの生みの親であった末吉哲郎初代代表幹事が、いつも口にしておられたことでもあります。現在も、その精神で、日々活動を続けています。

そうしたスピリットのもとに、今回「図書館サポートフォーラムシリーズ」を刊行することになりました。刊行元は、事務局として図書館サポートフォーラムを支え続けてきている日外アソシエーツです。このシリーズのキーワードは、「図書館と社会」です。図書館というものが持っている社会的価値、さらにそれを可能にするさまざまな仕組み、こういったことに目を注ぎながら刊行を続けてまいります。

図書館という地味な存在、しかしこれからの情報社会にあって不可欠の社会的基盤を、真に社会のためのものにするために、このシリーズがお役にたてればありがたいと思います。

2014 年 10 月

シリーズ監修

山﨑　久道（図書館サポートフォーラム代表幹事）

末吉　哲郎（図書館サポートフォーラム幹事）

水谷　長志（図書館サポートフォーラム幹事）